すべてのマンションは廃墟になる

榊淳司

SAKAKI, Atsushi

イースト新書

113

はじめに

すべてのマンションには廃墟化への時限爆弾が仕掛けられている

形あるものは必ず崩れる。

一見丈夫な鉄筋コンクリート造のマンションも、いつか終わりの時が来る。めでたく建て直しになるのか、それとも廃墟化《はいきょか》するのか……その運命の分かれ道は区分所有者の意志と行動、そして財力にかかっている。

マンションとは集合住宅である。ひとつのマンションに、区分所有者が数十人の場合もあれば、何百人、場合によっては何千人もいる物件もある。彼らのうちの大多数が同じ目標に向かって結束し、応分の負担を分かち合えた場合のみ、新たな道が開かれる。

それは多くのマンションにとって著しく困難な道である。

多くの人は、分譲マンションに対してかなり誤ったイメージを抱いている。幻想と言っていいだろう。それは、「マンションを購入すると自動的に幸せになれる」というものだ。あるいは、「マンションを買うことは資産を築くこと」という感覚で購入を決断している場合も多く見かける。

こういったイメージや感覚は部分的、短期的には正しい場合も多い。しかし、全体的あるいは中長期的には誤っていると断言していい。

マンションを所有すると、近未来にとんでもないトラブルに巻き込まれる可能性を孕《はら》んだことになるのだ。

さらには、最終的には、所有しているマンションが廃墟化してしまう可能性も高い。廃墟化の危機を迎えるのは、地方や遠隔郊外のマンションだけではない。現在、日本に存在する分譲マンションのほとんどが、廃墟化への時限爆弾を抱えている。

なぜ、すべてのマンションに廃墟化の危機が訪れるのか？

多くの人はまったく気がついていないが、廃墟化する理由は、現在のマンションにおける所有形態である。つまり、区分所有制度というもの。

区分所有について定められた区分所有法という法律には、決定的な欠陥があるのだ。一九六二年に制定された区分所有法は、基本的に性善説に基づいているとしか思えない構造になっている。また、五〇〇戸や一〇〇〇戸といった大規模マンションの登場を想定していない。さらに言えば、マンションの老朽化さえも想定外ではないのか。

これを改めないかぎりにおいて、すべてのマンションは廃墟化へのレールをひたすら突き進むこととなる。


分譲マンションは日々増えている。

国土交通省によると、二〇一七年末時点の築四〇年超マンションは、約七三万戸（国土交通省「マンションに関する統計・データ等〈築後30、40、50年超の分譲マンション数〉平成29年末現在」より）。この数は増えることはあっても減ることはない。

これに対して建て替えられたマンションは、計画中も含めて約二七四棟（国土交通省「マンションに関する統計・データ等〈マンション建替えの実施状況〉平成30年4月1日時点」より）。

中古マンションは日々老朽化が進む。廃墟化の危機を迎える老朽マンションは増え続ける。この問題は、今後膨らむばかりだ。現状を放置すれば、解決に向かうことはありえない。状況を悪化させるだけ。

一九六二年に制定された区分所有法を、現状に即して改めないかぎり、すべてのマンションには廃墟化の危機が訪れる。本書では、その現実を余すことなくみなさんの目の前に晒《さら》してみたい。そして、その危機の深刻さを訴えるとともに、解決策も示してみたい。

すべてのマンションは廃墟になる　目次

第一章 マンションが粗大ゴミになってしまった

第二章　三五年ローンで手に入るのは廃墟化マンション？

第三章　あなたのマンションは何年もつのか？

第四章 管理組合がマンションを廃墟化させる

第五章 管理組合が果たすべき役割

第六章　なぜマンションは建て替えられないのか

第七章 穴だらけの区分所有法

第八章 マンション廃墟化を食い止めるために

第九章　廃墟化が見えたマンションから逃げ出す方法

第一章　マンションが粗大ゴミになってしまった

リゾートマンションの夢の跡

ホイチョイ・プロダクション製作の映画「私をスキーに連れてって」が公開されたのは、一九八七年の一一月。世の中は、あの平成大バブルの絶頂に向かって盛り上がっていた。また、スキーブームにも沸いていた。東京に住む多くの若者は、冬になると二度か三度はスキーに行くことがあたりまえだった。

私はそのころ、広告制作会社の制作部門に在籍していた。もっぱら分譲マンションの募集広告を作らされていたのだ。

あるとき担当させられた広告のひとつに、新潟県の湯沢町にできるというリゾートマンションがあった。

「世の中には、マンションを買ってまでスキーをしたがる人がいるのか」

そんなことを考えたのを覚えている。

パンフレットや図面集、価格表を作った。価格を見て驚いたのだが、当時の東京の郊外型マンションとほとんど同じ水準だった。

その購入費用と維持費用の総額は、同じリゾート地のホテルを利用した二泊三日のスキー旅行を毎年五回、三〇年続けた場合の費用よりも高額だったのである。

「これを買う意味があるのか？」

なんとも不思議な商品だった。そもそも、リゾートマンションという形態そのものが、温泉やスキーなどが目的や用途であるにもかかわらず、コストパフォーマンスでは説明できない不動産商品だったのだ。

しかし、時はバブルだった。そういった商品に説明できない価格がついていても、それなりに売れていたと記憶している。そのうち、都心にあるようなタワー型のリゾートマンションまでが湯沢エリアに次々と登場した。湯沢エリアで、リゾートマンションブームが巻き起こったのだ。

最終的に、湯沢町には約一万五〇〇〇戸分のリゾートマンションが建設されたという。

五〇〇〇万円がゼロ円になってしまった

それで、現状はどうなっているのか。かなり悲惨である。

まず、そういったリゾートマンションの資産価値は、ほぼゼロと考えていい。一〇万円で売り出されている物件も多数あるが、成約事例が多いとは思えない。

このエリアのマンション売買は、H不動産というリゾート専門の大手仲介会社が、そのほとんどの取引にかかわっているはずだが、取引に関するデータを一切公表していない。またメディアの取材も受けつけない。

一方、競売案件を調べてみると、多くの物件が備忘価格になっている。備忘価格とは実質ゼロ円なのだが、帳簿上ゼロ円だと存在しないものとされるので、形だけ価格をつけておく、というもの。競売開始額が一万円とか五万円に設定されているのだ。

つまり、裁判所も、湯沢町の多くのリゾートマンションは実質ゼロ円だと見做《みな》しているのだ。

かつては三〇〇〇万円から五〇〇〇万円以上で販売されたリゾートマンションが、今やその価値がゼロ円だと見做されている。これは日本の分譲マンションの歴史における、かなり衝撃的な出来事ではなかろうか。

現代の姥捨て山になっている？

そういった湯沢町のリゾートマンションを訪ねてみると、少々驚かされることがある。

まず、多少老朽化したとはいえ、設備が立派である。特に、温泉大浴場は一流の温泉旅館並みと思える物件も多い。タワータイプのリゾートマンションのなかには、豪《ごう》華絢爛《けんらん》な展望大浴場もある。もっとも、つねに新鮮なお湯が供給される「源泉かけ流し」になっているところはほとんどない。見たかぎり、すべてがお湯を使いまわす「循環ろ過」式だった。

あるリゾートマンションでは、理事たちは絶対にお湯に浸からないと聞いたことがある。そこで湯船にたたえられているお湯がどういうものか知っていると、「とても浸かりたいとは思えない」のだそうだ。

湯沢町のリゾートマンションを見ていると、そこの住人と思われる人には高齢者が多いことも意外だった。私が見せてもらったのは、一一月の平日の午後。いくつかのリゾートマンションでは、浴衣を着てタオルを首にかけ、洗面器を持って大浴場に向かう高齢者と何度もすれ違った。

数十万円の購入費と月々三万～四万円程度の維持費用で、温泉大浴場のついたマンションに住めるのである。ある意味で、高齢者向きと言えなくはない。ただし、湯沢は豪雪地帯だ。冬は雪に埋もれる。そういうときはどうするのだろう、と考えてしまった。

また、身体の弱った高齢者も多いようで、さまざまな問題が起こる。大浴場では、しばしばお湯の中に固形排せつ物が見つかるという。

かつて、リゾートマンションとして時代の先をゆく華やいだ存在だったのが、今や高齢者たちが寄り添って時間を過ごすデイサービス施設のようになってしまっているのだ。

お金を払ってでも手放したい現状

一説によれば、湯沢町にあるリゾートマンションの六割が、一年に一日も利用されていないとか。こういう数字には、どこまで信ぴょう性があるのかわからない。

ただ、湯沢町の各エリアにあるリゾートマンションを見て回ると、オフシーズンに利用されている住戸は全体の一割にも満たないであろうと想像できる。私が宿泊に利用したマンションでは、全七〇〇戸のうち、夜の一〇時三〇分に部屋の明かりがついていたのは五戸だった。

こういったリゾートマンションの所有者の多くが、「できれば手放したい」と考えているはずだ。運よく買い手が見つかる場合もあるのだろうが、大半の人が絶望感を味わいながら、管理費や修繕積立金、そして固定資産税などを払っていると想像できる。その費用は三〇㎡程度の狭い住戸でも、年間三〇万円前後はかかる。駅に近くて広い住戸だと、年間五〇万円以上になるはずだ。

年に一日も使わないのに、そういった費用は払い続けなければならない。これはもはや不動産ではなく、所有しているだけで自分の資産がマイナスになる「負」動産だろう。

最近、「なんとか手放せないものか」と考えている所有者の弱みに付け込んだビジネスが登場した。

その会社のビジネスモデルは、「三年分の所有経費を払ってくれたら、区分所有権をもらってあげますよ」というもの。現所有者から三年分の管理費や修繕積立金、固定資産税などの総額相当を払わせることで、所有権を自社関連の法人に移転させるのだ。

所有者からすれば、三年分の経費を払うことで、実質的に四年目以降の支払いから完全に解放される。「だったら、三年分払うから引き取ってください」ということになるのだ。

とうとう、リゾートマンションは有料粗大ゴミ同然の存在になり下がったのだ。それも、かなり高額な引き取り料を要求される難儀なシロモノだ。

しかし、このビジネスには多分に無理があるように思える。その会社は、引き取って自社関連法人の所有にしたマンションをどうするのか。たぶん、転売はできない。元の所有者が何年もかけて売れなかった物件だ。こういった取引でその所有者になってしまったら、管理費や修繕積立金、湯沢町への固定資産税を払わなければいけないではないか。

引き取られた物件の末路は？

この引き取りビジネスは、どういうスキームのもとに成立しているのだろう。

私の勝手な推測を述べよう。

その会社は、関連法人で引き取ったリゾートマンションを放置してしまうのだろう。当然、管理費や修繕積立金、湯沢町への固定資産税は支払わない。支払うと、このビジネスモデルでは利益が出なくなるからだ。

つまり、この会社は報酬を得て区分所有権を自社関連の法人に移転するが、その後に生じる所有者としての義務は一切果たさないのだ。そして、三年分の所有経費相当の報酬は全額を利益にしてしまう。

最初からその意図でやったとしたら、なんらかの違法行為になる。しかし、「関連法人を作って運用に努めたのですが、どうにもうまく行かなくて」と言い訳をしておけば摘発はしにくい。おそらく、そういうスキームだろう。

それで、管理費や修繕積立金、固定資産税を払ってもらえない管理組合や湯沢町が困ることになる。

結局、管理組合が競売にかけるか、湯沢町が公売に付すしか手はなくなる。しかし、そこで落としてくれる善良な一般人がそう易々《やすやす》と現れるとも思えない。

リゾートマンションの命運を左右するものとは

このような悲惨な状態であり、なおかつ悪質な業者の魔の手に晒されているにもかかわらず、湯沢町にあるリゾートマンションの管理組合は公平に見てよくやっていると思う。

管理費滞納などで競売にかけた場合、管理組合で落札するケースが多くなった。一万円で競売に出された物件を、二〇万円で落札する場合もあるという。普通の手段では住宅を購入することも賃貸することもできない反社会的な人々などが競落するのを防ぐためである。

また、湯沢町では、マンションの理事長の連絡会議のような組織があり、行政や警察と協議する場が設けられたりしている。

かつて、湯沢町の管理組合の連帯組織は、宅建業の所管官庁である新潟県と粘り強い交渉をおこなったという。管理組合が自分たちのマンションの住戸を競落して第三者に転売する行為を、「宅建業法の規制外である」と認めさせた実績があるのだ。

あのバブル期とはいえ、リゾートマンションを購入した人はそれなりの富裕層である。その多くは親から資産を受け継いで富裕層になったのではなく、自らの才覚と能力でリゾートマンションを購入できる富を築いたのだと推測する。そんな彼らが、管理組合を運営する第一世代になっている。

そういうタイプの人々というのは、仕事もできるし頭脳も優秀だ。彼らが管理組合を運営しているから、湯沢町のリゾートマンションではいまだに秩序が保たれているのだと、私は考えている。

しかし、バブルの絶頂から約三〇年が経過した。四〇歳で購入した人は今、七〇歳になっているはずだ。あと一〇年で八〇歳。

第一世代が築いた管理組合運営のノウハウは、第二世代以降に引き継がれるだろうか。あるいは、第二世代と呼ばれる人々は存在するのか。

二〇一五年の一一月、湯沢エリアのあるタワーマンションで、修繕積立金の横領事件が発覚した。長年理事長を務めた人間が、約七億円以上の修繕積立金を着服していたことがわかったのだ。

そのマンション、今では発覚当時の一割程度まで流通価格が下落している。事件後、一時的に管理組合の修繕積立金会計はほぼゼロになったはず。そういうマンションの資産価値が、通常通りに評価される理由はない。

今後、湯沢エリアでこういう事件がまたいつ発生するかもわからない。また、築三〇年以上になる老朽マンションも多くなってきた。同時に、区分所有者も高齢化している。今後、管理費や修繕積立金の滞納は増えこそすれ減るとは思えない。

彼らがどこまで廃墟化に抗《あらが》うのか、今後の展開に注目したい。

［コラム］❶

マンション管理崩壊の危機から、見事に再生

あるリゾートマンションのお話。

都心から車で数時間ほどの景色がいい丘の上を選び、数十年前に建てられたリゾートマンション。規模は一〇〇戸超。

分譲当時、大浴場と屋外プールがあるのがウリだった。

あの平成バブルの時期で、築一〇年以上が経過。五〇㎡くらいの住戸が、三〇〇〇万円から四〇〇〇万円で取引されていたという。今はせいぜい、一〇〇万円から二〇〇万円。それでも、値段がつくだけよいほうだ。

じつは数年前、ほぼ値段がつかずに廃墟寸前まで追い込まれた。管理費の滞納率が五割を超えてしまっていたのだ。

管理会社は入っていなかった。いわゆる自主管理。滞納者への督促は、管理組合がおこなわなければならない。

リゾートマンションだから、組合の理事たちは、ほとんどが近県に住んでいる。当然、理事会の開催もままならないから、組合の運営にも支障をきたす。滞納者への督促まで手が回っていなかった。

困った理事長が、ある弁護士に相談した。

「それでは、ひとつひとつやっていきましょう」

まず、管理業務を引き受けてくれる管理会社を探した。幸い見つかった。これで滞納者に対する初期的な督促は、管理会社が担当する。

次に、管理組合を法人化した。これはあとで詳しく説明するが、法人になると訴訟を起こしやすいし、区分所有者にもなれる。

管理費を滞納している住戸への積極的な督促がおこなわれるようになった。しかし、払ってくれない区分所有者が大半。なかには、所在不明になっているケースもあった。所在が特定できる区分所有者には、順次訴訟が申し立てられた。そして、競売や公売がおこなわれるようになった。

廃墟寸前のマンションだから、競売や公売がおこなわれても、入札する者はほとんどいない。そこで、法人となった管理組合が落札する。落札額は、五〇万円程度。落札した住戸は、リフォームをして一般に売り出した。そこで多少の利益が得られ、未収だった管理費の全部または一部が回収された。

新しい区分所有者には、管理費関係を銀行口座自動引き落としにしてもらった。自動引き落としだと、滞納になりにくいのだそうだ。

そういった地味で煩雑な回収作業を弁護士が中心になって続けた結果、数年後には滞納住戸の比率が全体の二割台まで下がった。もうすぐ、一割台まで下げられる見通しだという。

マンションの状態も、廃墟寸前だった数年前に比べて見違えるようになった。大浴場もきちんと運営されている。

今、管理費滞納から廃墟化へ向かっているのは、このようなリゾートマンションだけではない。郊外で資産価値が数百万円まで落ちた普通のマンションにも、その危機が迫っている。管理費等を滞納したり、区分所有者の所在がわからないか、もしくはその実態がない住戸が増えているのだ。

滞納率が三割を超えれば、廃墟化へのレールが敷かれたも同然。しかし、回復手段はある。管理組合の地味な活動と専門家への依頼である。その詳しい方法は、本書の後半で説明する。

第二章

三五年ローンで手に入るのは廃墟化マンション？

三五年ローンが生み出したマイホームへの幻想

日本の不動産には、登記制度と呼ばれる権利保全の仕組みがある。全国津々浦々に設けられている法務局に、自らが保有する不動産の内容を登記すれば、その所有権を主張できる有力な根拠となるのである。

不動産の所有権登記は、甲区と乙区に分かれている。甲区には、所有者の名前や住所が記されている。乙区には、その不動産に対する所有権以外の権利が記される。具体的には抵当権などだ。

新築マンションを三五年ローンで購入した場合、その区分所有権の登記簿において、甲区には、自分の名前や住所が記載される。乙区には、住宅ローンを借り入れた金融機関の名称や住所、そして金額が記される。金額とはつまり、住宅ローンの借入額だ。

一方、マンション購入者と金融機関のあいだには、金銭消費貸借契約が結ばれている。そのなかには必ず、返済が滞ると抵当権を実行する旨の条項が盛られている。抵当権の実行とはすなわち、所有権の強制移転である。これをやられると、住宅ローンを組んでマンションを購入した人は、強制的に所有権を喪失させられる。

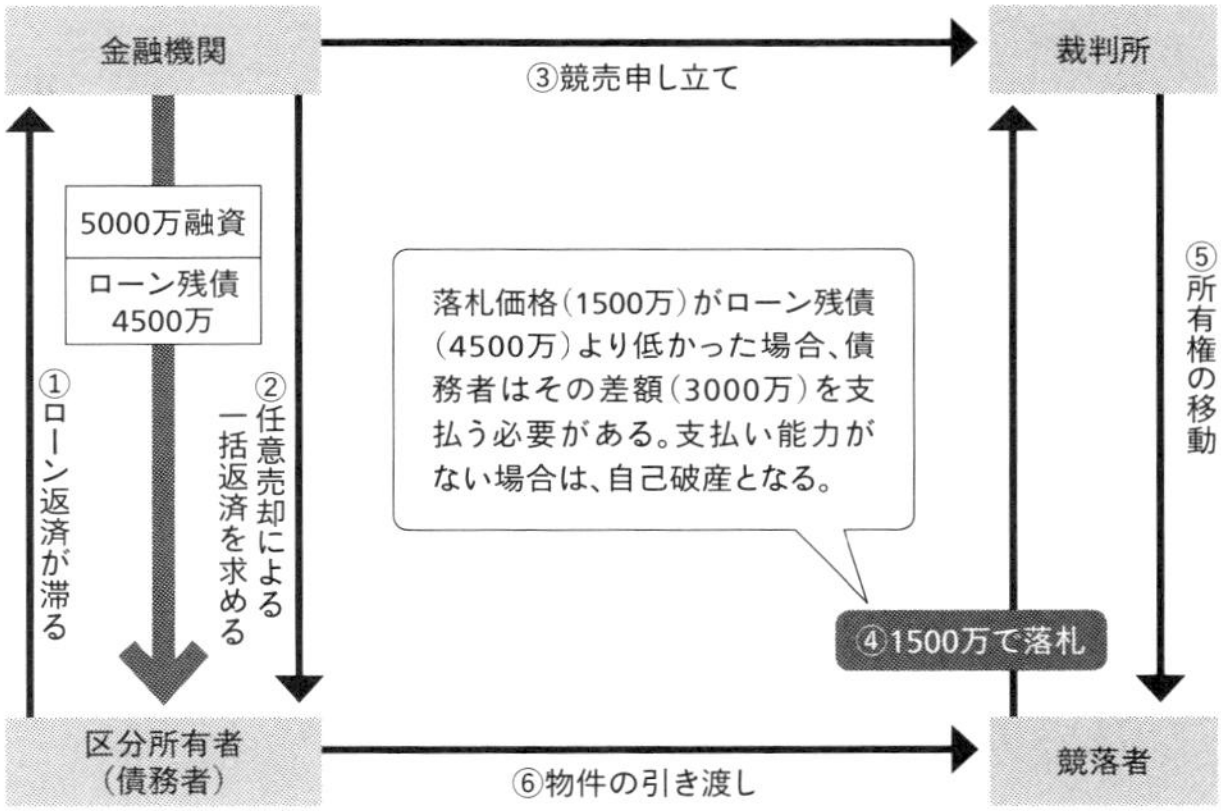

図表1 区分所有者が所有権を失う仕組み

そこに至る過程を簡単に説明する。

まず、住宅ローンの返済が滞ると、金融機関は区分所有者(新築マンションの購入者)に対して、任意売却による一括返済を迫る。区分所有者がこれを拒むと、裁判所に競売を申し立てられる。競売が実施されると、そのマンションの所有権は、強制的に競落者に移転するという仕組みだ。

仮にローンの残債が競落価格よりも多かった場合は、元の購入者は差額の返済義務を負う。それを逃れようとするには、自己破産しかなくなる。なんとも残酷なシステムだ。

つまり、新築マンションを三五年返済のローンで購入しても、返済を続けないかぎり、その所有権は完全に購入者のものにはならないのだ。

かつての日本には、数年分の賃金を、親が先取りしてしまう「年季奉公」という悪弊があった。途中で奉公をやめるには、親が先取りした賃金の未返済分を一括返済しなければならなかった。

この三五年ローンというのは、先にマンションデベロッパーが銀行からマンション販売額の全額を受け取り、その後、購入者が三五年もかかって利子と元本を払い続けなければいけないシステムだ。途中でやめるには、やはりローン残高を一括返却しなければいけない。どこか年季奉公と似たシステムだ。

三五年ローンという制度は、好景気のときにはあまり問題にならないが、いったん不景気になって、職を失ったり収入が大幅にダウンしたりすると、途端に悲劇を招く強烈な要因となる。返済が滞ることで、自宅を失う人や自己破産に追い込まれる人が続出する。なかには、前途を儚《はかな》んで人生を強制的に終わらせる人さえいる。

それは、平凡ながら動かし難い真実である。多くの人は、そういう真実に目を背けて三五年返済の住宅ローンを組んでしまう。

なぜ日本で「ノンリコース」が採用されないのか

アメリカでは、住宅を購入する際のローンはノンリコース(non-recourse)というタイプが多用されている。直訳すると「遡らない」という意味になる。あえて日本語にすると、「非遡及型融資」ということになる。

簡単に説明すると、ローンの借り手が、失職や疾病などなんらかの理由で返済ができなくなったとする。

すると、ローンを貸しだしている金融機関は、一定の猶予期間を経たのちに、抵当権を実行して担保にしている住宅の所有権を取得する。もちろん、その際に借り手は自宅を失う。しかし、借り手は自宅さえ差し出してしまえば、それで返済はすべて免れる。完済したのと同じ状態になるのだ。

一方、残債を返してもらう代わりに担保住宅を得た金融機関は、それを売却して返済分に充当する。金融機関が担保住宅を売却できた額が、返してもらえなかった残債

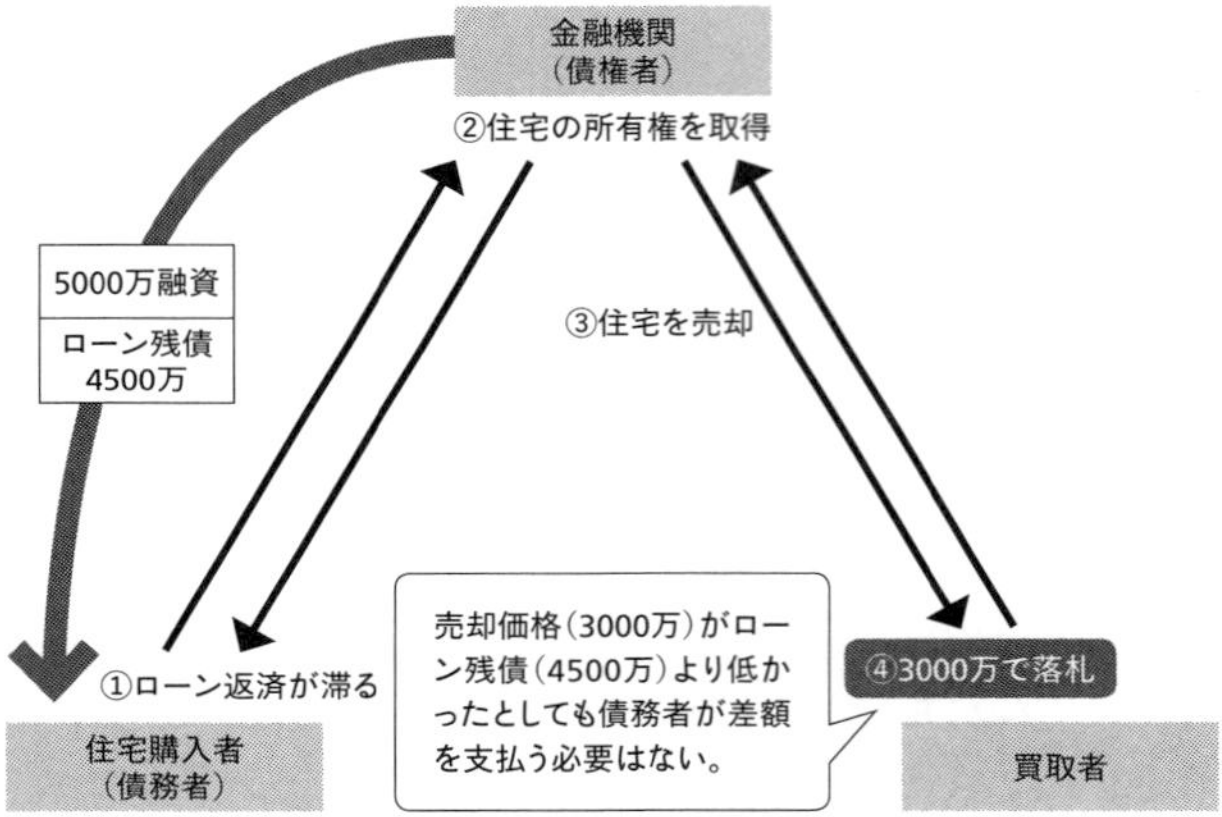

図表2　ノンリコースでローン支払いが不能になった場合

を下回っていたとしても、元の債務者にはなんの責任もない。それがノンリコースローンだ。

ノンリコースローンのメリットは、利用者にとってのリスクが低いことだ。返せなくなっても、担保を手放すだけで済む。それ以上に、給料などを差し押さえられるといったことはない。

デメリットは、金融機関側からするとリスクの高い融資になることだ。そのため、審査基準は通常のローンと比べ、厳しいものとなる。だから、貸出金利を高くする。担保あるいは、担保の掛け目を低くする。担保物件の審査も慎重におこなわれる、ということになっている。

ただ、アメリカでは、かつて低所得者に対して盛んにこのノンリコースの住宅ローンを貸しだし、それが大量に焦げついたサブプライム問題というのが起こった。それが最終的には二〇〇八年九月のリーマン・ブラザーズ倒産につながったとされている。

日本では住宅ローンで、このノンリコースでの融資がおこなわれることはまずない。日本の金融機関には、物件を審査する能力がないと言われている。また、リスクの高いノンリコースでの融資をおこなうほどの勇気がないのだろう。

三五年後に手に入るのは「築三五年の老朽マンション」

では、三五年後に無事に住宅ローンを全額返済し終えた場合はどうなるのか。

もちろん、マンションの購入者は完全な所有権を得ることになる。乙区に抵当権を設定している金融機関は、それを実行しえなくなる。そこでやっと、購入者は完全な所有権を手にすることになる。

しかし、そこで完全に所有権を得たマンションは、築三五年になっているのだ。

これも逃れ難い真実である。

築三五年のマンションは、流通（中古）市場でも多く売り出されている。もちろん、築五年や七年の中古マンションと比較すると、かなり値段はお安めである。当然だろう。築五年に比べて、築三五年は三〇年分老朽化しているのだ。

築三五年なら、通常の場合は大規模修繕工事を二度ほど経ている。

さらに、新築時に購入してずっと住んでいる人の割合は、各マンションによって異なるが、彼らは購入時に比べて三五年分高齢化している。その多くは、年金生活に入っているはずだ。修繕積立金が足りなくなって、値上げが管理組合の総会で議案になると、反対票を投じる可能性が高い人々だ。

多くの人は三五年ローンで新築マンションを購入するときに、そういった三五年後のことをほとんど考えていないのではないか。

日本人が新築ばかり買いたがる理由

私は一般の消費者からマンション購入についての相談を受ける機会が多い。

彼らと話していて不思議に思うことがいくつかある。

◎中古よりも、新築マンションを買いたがる
◎自分たちの予算ギリギリのところで買いたがる
◎買ったあとのことは、ほとんど心配していない
◎子どもが成長したあとのイメージが描けていない

以上のような傾向が顕著である。

まず、「中古でも平気」という人の割合は以前に比べて多くなったように思えるが、今なお新築派の比率が圧倒的だ。特に女性においては、「基本的に新築でなければ」というほうが多いように思える。

日本人にとって「家を買うのなら新築」ということが、いつのまにか常識のように

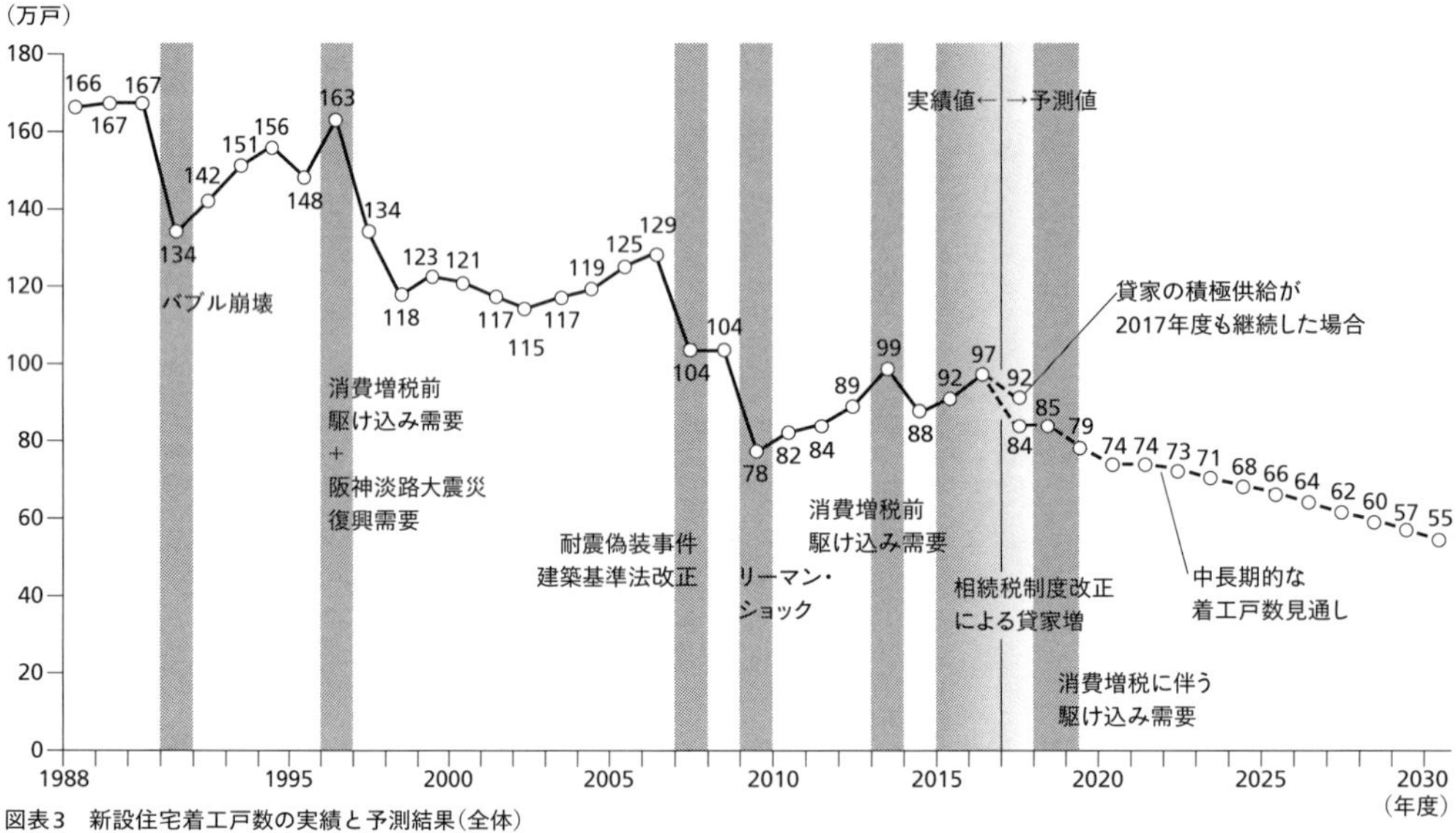

図表3　新設住宅着工戸数の実績と予測結果(全体)

実績値は国土交通省「住宅着工統計」より。予測値は野村総合研究所。

出典:株式会社野村総合研究所「2017〜2030年(度)までの新設住宅着工戸数およびリフォーム市場規模予測」(2017年6月20日

なっている。じつのところ、こういう感覚は欧米先進国とは異なっている。たとえば、比較的新築住宅を建設しているアメリカと比べても、年間の着工数は人口比で日本は二・五倍となっている。日本人の「新築好き」は際立っている。なぜそうなのか。

大きくふたつの理由があると考える。

ひとつは宗教的なもの。神道では新しいものは「清い」とされ、古いものは「穢《けが》れ」となる。神道の大本のような存在である伊勢《いせ》神宮では、二〇年に一度、本殿を建て替える「式年遷宮」をおこなっている。

多くの日本人が、この「清い」と「穢れ」の感覚をそのまま住宅購入に結びつけているのではないか。だから、新築は「清く」、中古は「穢れ」ていると捉えられる。

そういうことから、新築が買える範囲にあるかぎり、新築を選ぶのだ。

もうひとつには、日本人のほとんどはつい半世紀前まで木造の一戸建てに住んでいた。この国では、地震や台風を始め、さまざまな自然災害に遭うことが多い。だから、住宅作りは基本的に安普請だ。そして、ひとつの住宅を何世代にもわたって使い続ける例は少ない。

「一人前になったら家を建てる」

それが日本人の常識のようになっている。この発想を、一〇〇年程度は使える鉄筋コンクリート造のマンションにも適用しているように思える。これは日本人の多くが、安普請の木造一戸建てに住んでいたときの感覚であり、鉄筋コンクリート造のマンションにあてはめるには、ふさわしくないように思える。

そして、家の購入こそは、人生の一大事業だ。だから、「なるべくいいものを、いいところに」となる。自然に、購入のための予算は収入から逆算して、支払えるギリギリのところに設定される。

しかし、今の世の中、三五年先のことなど、誰にもわからない。そのあいだずっと、購入時点での収入を維持するか増やさなければ払いきれないのが三五年ローンなのだ。

東芝や三菱重工といった、日本を代表する企業でも経営危機に見舞われる時代だ。

三五年ものあいだ、購入時と同等以上の収入が維持できるなどと、いったい誰が確信できるというのか。たとえ公務員でも、健康を害すると収入が維持できない。

三五年ローンを組んだなかで少なからぬ人々が、途中での計画変更を迫られているのが現実だ。最悪の場合、任意売却や競売でせっかく手に入れた住まいを手放さざるを得ない事態に追い込まれている。

新築マンションの購入は「始まり」にすぎない

さて、特に新築分譲マンションの場合に多く見られることだが、購入して引っ越すとそこがあたかもゴールのように考えている。

じつのところ、それは長い人生におけるそのマンションとのお付き合いの始まりにすぎない。何よりも、ローンを返さなければならない。管理費や修繕積立金、固定資産税などを払い続けなければならない。

さらには、そのマンション独自のルールを守りながら暮らさねばならない。

子どもが小さければ、自然にマンション内での人間関係も築かれていく。楽しい出来事もあれば、めんどうくさいトラブルに巻き込まれることもある。

そして、いつかは管理組合の運営にも理事として参加しなければならない。

後に詳しく述べるが、管理組合のなかには、犯罪まがいのことがおこなわれているケースも数多くある。そういう現実を知ったとき、どう行動するかという難しい判断も迫られる。

マンションを購入して住む、ということはそういう厄介ごとが待っているかもしれない未来へと、第一歩を踏み出すことなのだ。


住み始めて年月が経過すると、家族構成が変わるかもしれない。

購入時には小さかった子どもも、やがては大きくなって自宅から出ていくかもしれない。あるいは、自身も仕事から身を引くかもしれない。

そうなると、購入した人にとって、そのマンションに対する必要性の度合いも変わってくるはずだ。

マンションを購入する時点で、そこまで現実的に考えている人も少ない。

まあ、そこまで考えなければ買ってはいけないとは言わない。しかし、自分たちの購入するマンションの役割は、永遠に不動のものではない。少なくとも、目の前の必要性だけで選ばないほうがいいかもしれない。

マンションは「天寿をまっとう」できない

人は裸で生まれてくる。そして、ひとりで黄泉の国へ旅立つ。

向こうの世界へは、何も持っていけない。これも平凡な真実である。

どれだけ気に入った住まいも、そこで暮らせるのは生きているあいだだけ。また、ある程度の健康を維持しているあいだだけである。

また、住んでいるところが持ち家でないと幸せになれない、ということはない。一生借家住まいでも、幸せに生きる人はいくらでもいる。

豪華なマンションに住まないと幸せになれない、ということはない。逆に、豪華なマンションに住んでも、それだけで幸せになることもない。

つまり、自分の住まいを所有する、ということは人生の義務でも使命でもない。

ところが、多くの人は自宅を所有することに執念を燃やす。

また、きちんとした仕事について収入を得られるようになると、自宅を購入しようとする。東京や大阪といった大都市に住んでいる場合、購入の対象となる住宅はまずマンションだ。

これはじつに不思議な現象だ。

私に言わせれば、今の日本で天寿をまっとうした分譲マンションはない。天寿をまっとうするとはすなわち、建物が老朽化して住めなくなったあと、区分所有者全員が取り壊しと跡地の売却に合意。売却をしたお金を専有面積割合で配分して、管理組合を解散する。それが私の考える「天寿のまっとう」である。

地震で取り壊さざるを得なくなったマンションについて、「天寿をまっとう」したとは思わない。それは明らかに事故死である。

残酷な現実だが、分譲マンションには出口がない。ほとんどのマンションは天寿をまっとうできない。そのことは、本書を読み進まれることで理解できると思う。

多くの人は、この出口がどうなるかわからないものを、三五年返済というとてつもない義務を背負って購入しているのだ。

そこまでしてマンションを買う必要はないと思う。

「持ち家信仰」はもう古い

そもそも、持ち家でないといけない、という価値観を見直すべきだ。

多くの都市生活者が「自宅を所有したい」と考えたのは、戦後のことではないかと思う。主に明治期を生きた夏目漱石《なつめそうせき》や森鷗外《もりおうがい》は、生涯にわたって借家住まいだった。そのことを恥じているようなところは見受けられない。

東京や大阪に住む人が「自宅を所有したい」と熱望するのは、敗戦後の住宅難の時代に萌芽《ほうが》し、現代にまで受け継がれている偏った価値観だと私は考える。

一九七〇年代や八〇年代には、分譲住宅の抽選に何十回もはずれた、という人がたくさんいた。信じられない話だが、ひとつの住戸に何十件もの申し込みが入って、高倍率の抽選になることが日常の風景だったのだ。

今でも一部の新築マンションではそういう光景が見られる。しかし、それはかなりめずらしいことだ。

住宅を買う、ということが困難であった時代を生きた人々を親に持つのが、今の三〇代から四〇代にかけての住宅需要層である。マンション業界にとってはターゲット層と言える世代だ。

彼らには、親の世代が味わった住宅取得に苦労したという経験が、遺伝子として受け継がれているのかもしれない。

しかし、今は少子高齢化の時代である。そして人口減少が進んでいる。にもかかわらず、鉄筋コンクリート造で建設されたマンションのストックは増える一方だ。だから日本全国で空き家が増えている。東京でも、空き家が目立っている。

このままだと、昔のような住宅難の時代は来そうにない。それどころか、この国がいまだに経験したことがない住宅の大余剰時代がやってくる。というか、地方ではすでにそうなっている。

そのことに気がつけば、マンションを購入する、というのは大きなリスクであることが見えている。

○現在の居住されている住宅ストック総数約5,210万戸（2013年〈H25〉時点）を建築年代別に見ると、1980年以前に建築された住宅ストック（築35年以上）は1,369万戸（約30%）存在。
○借家（共同）及び分譲マンションの割合が増加してきている。

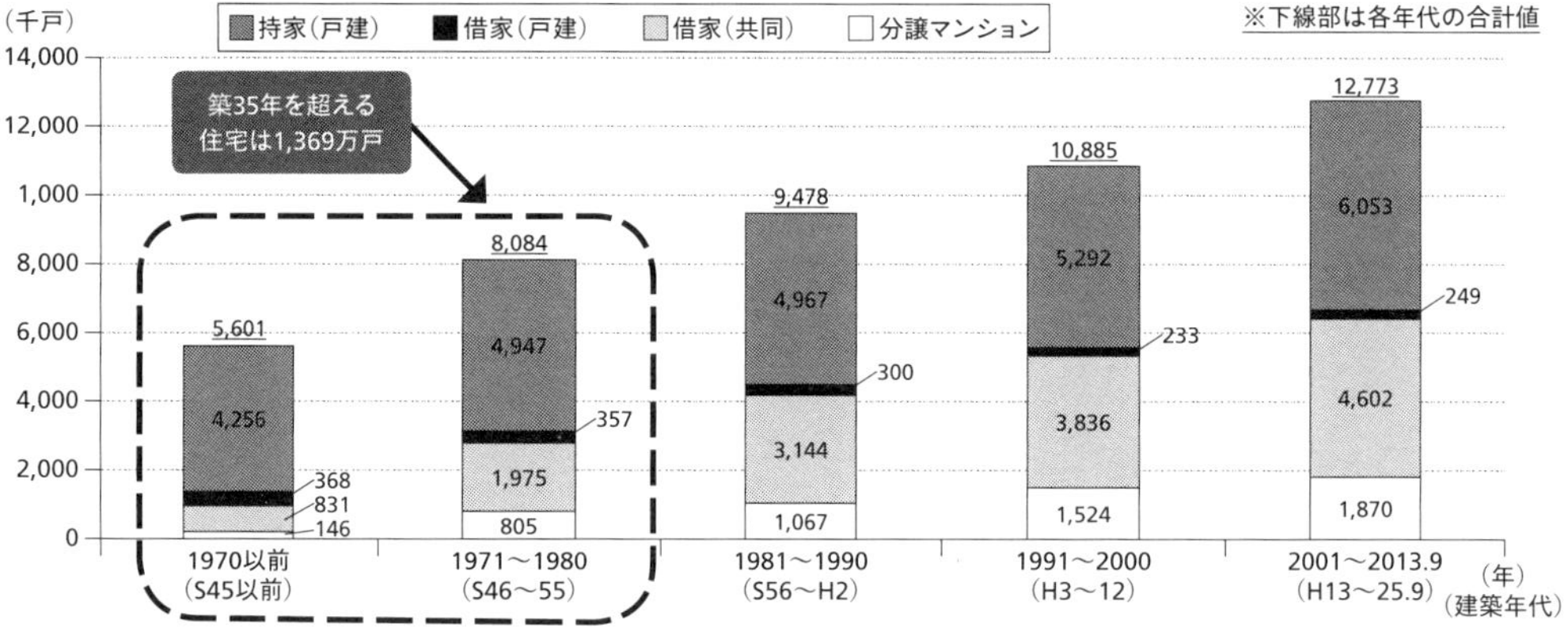

図表4　建築年代別の住宅ストック総数
※1：「借家」は公営の借家、都市再生機構・公社の借家、民営借家、給与住宅を含む。
※2：持家・借家の「長屋建て」、「その他（工場・事務所などの一部が住宅となっているもの）」及び「不詳（建築年又は住宅の種類が不明）」は除いている。
出典：総務省「H25住宅・土地統計調査」
国土交通省「平成29年度住宅経済関連データ　〈1〉住宅整備の現状」

そのことにぜひ気づいていただきたい。そして、持ち家でなければならない、という価値観も別の方向から眺めていただきたい。

「持ち家＝一人前」という価値観の終えん

最近はあまり使わないが、「うだつが上がらない」という言葉がある。「仕事ができない」、「稼ぎが悪い」といった意味で使われている。

しかし、「うだつ」とは、諸説あるが、隣家とのあいだに設ける一階と二階の間の屋根つきの壁のことである、という説が有力だ。つまり、うだつを上げられるというのは、「立派な家を建てた」という意味になる。

日本人はまとまったお金が入ってきたり、収入が増えたりすると、だいたいは住宅を買う。あるいは、新築で建てる。都会に住んでいれば新築マンションを買う、ということになる。

四〇歳を過ぎて、子どもが学校に通っているのに、持ち家ではなくて賃貸に住んでいると、「まだ買っていないの？」という目で見られる。一人前の大人は持ち家に住

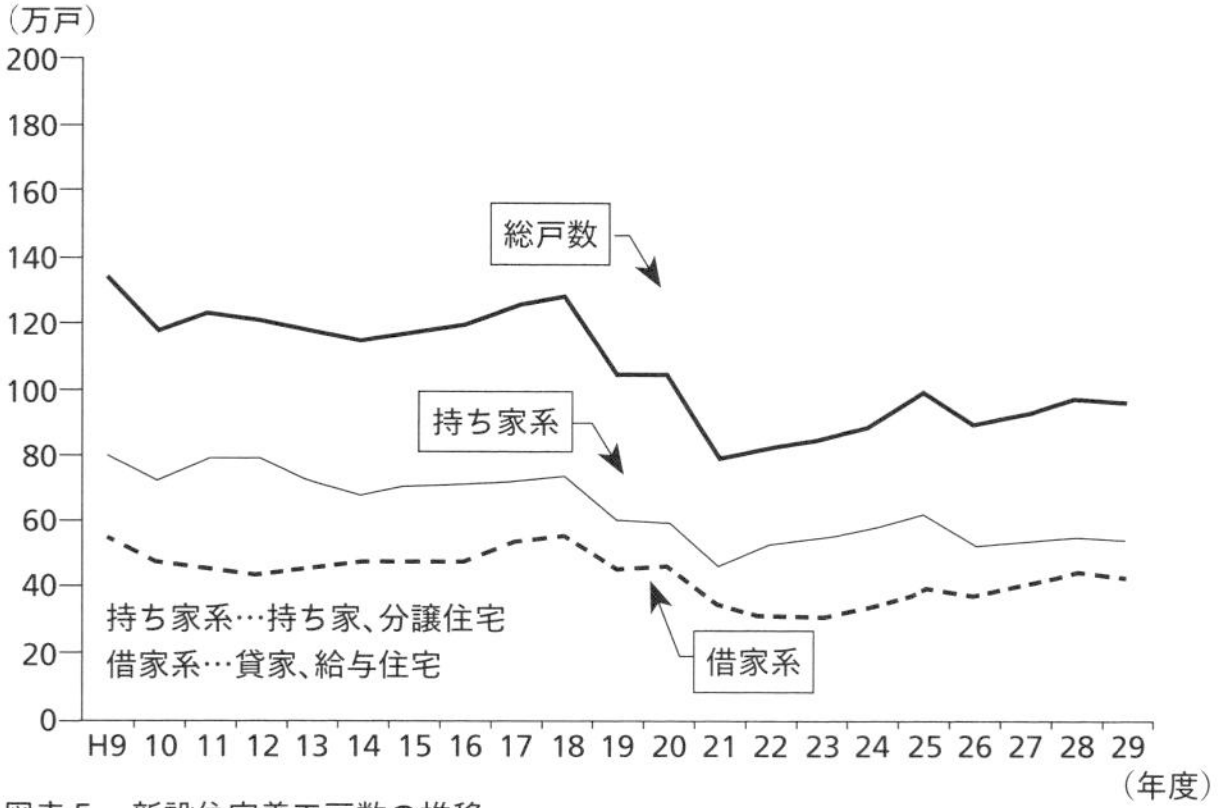

図表5　新設住宅着工戸数の推移
出典:国土交通省「平成29年度住宅経済関連データ〈2〉住宅建設の動向」

んでいなければいけない、というのが日本社会の「空気」なのだ。

だから、「うだつが上がらない」という価値観は、今も濃厚に生きている。しかし、果たしてこの価値観は、これからの日本人を幸せにするだろうか?

私のところには、マンションの購入や売却について、多くの方が相談に見える。特に購入を考えている方の発想は、「家賃を払っているよりも、買ったほうが得だろう」というベクトルが多い。

これは、そのとおりである場合もあれば、そうでない結果になることもある。エリアや物件、そのときの市場の状況などによる。

今（二〇一八年一二月時点）の東京の都心エリアのように、購入価格が家賃の三〇年分以上にもなるバブル状態の場合は、賃貸にしておいたほうが無難だ。

日本では、基本的に住宅が余っている。今後は大都市でも人口は減っていき、世帯数の増加も止まる。住宅に対する需要は細る一方だ。ところが、「うだつを上げたい」日本人が多いので、毎年八〇万戸から一〇〇万戸の住宅が新築されている。

この需給ギャップは、いずれ住宅価格や家賃の下落となって表面化するはずだ。現に、地方の住宅には値段がつかないほど下落したものが多い。東京の郊外でも、老朽化した戸建てやマンションは数百万円で売買されている。

こういった下落の波はいずれ、今はバブル化している東京の都心や、価格上昇の圧力がかかっている大阪市の中心エリアにも及んでくるはず。

この先、若者たちは、住宅価格や家賃が上がるのではなく、下がるのを目の当たりにしていくことになる。そういった時代になっても、日本人は依然として「うだつを上げよう」とするだろうか？

特に本書で述べているとおり、都会人の住形態の主役である分譲マンションについては、今後、老朽化やスラム化、廃墟化が社会問題となる。廃墟化しそうなマンションに住んでいる場合、その物件が賃貸ならば引っ越せば問題は一〇〇%解決。ただ、区分所有者はそういうわけにはいかない。管理組合の一員として、この厄介な問題に向き合うしかない。

若者が車を買わなくなったと言われて久しい。次は、「家を買わなくなる」時代が、もうそこまでやってきている。

「パワーカップル」が陥るマンション購入の落とし穴

夫婦ともに年収が七〇〇万円以上の世帯を、「パワーカップル」と呼ぶのだそうだ。世帯年収は一四〇〇万円以上ということになる。金融系シンクタンクであるニッセイ基礎研究所の定義だそうだ。

東京とその周辺エリアに住む男性サラリーマンの年収の目標は、まず一〇〇〇万円ではなかろうか。七〇〇万円だと「あと二歩」くらいだが、全体から見れば中の上あたりだろうか。

女性の場合、年収が七〇〇万円超というのはハードルが高そうだ。私見ながら、大手企業のキャリアでないと七〇〇万円には到達しにくいと思う。ある統計数字によると、世帯年収が一四〇〇万円超は全体の一・八%だそうだ。

この数少ないパワーカップルが、二〇一七年ごろから都心近郊のマンション市場で、それなりの存在感を示し始めた。夫婦合わせて住宅ローンを組んで、六〇〇〇万円から一億円超のマンションを購入しているというのだ。

日本では二〇一三年からの「異次元金融緩和」で、年収の七倍程度なら住宅ローンを組んでの購入が可能となっている。

パワーカップルの場合、負担額に応じてそれぞれが住宅ローンを組む。夫婦合わせて一四〇〇万円の世帯年収があれば、年収一四〇〇万円のサラリーマンとほぼ同額の住宅ローンが借りられる。今なら年収の七倍くらいまではローン審査が通るから、合わせて九八〇〇万円程度の住宅ローンが可能になる。

しかし、果たしてそういったマンションの購入に死角はないのだろうか？

サラリーマン夫婦の世帯年収が一二〇〇万円から一五〇〇万円に達すると、彼らの消費感覚が大きく変わる。「自分たちは高額所得世帯だ」と考え始めるのだ。

たしかにそのとおりだ。ただ、それで普通の世帯よりも贅沢《ぜいたく》な暮らしができるかというと、それは住居費にいくら使うかによる。

世帯年収が一四〇〇万円であっても、住宅ローンの返済や管理費などの維持コストに年間四五〇万円程度の支出が発生すれば、その暮らしぶりは、郊外で月八万円程度の賃貸マンションに住む年収七〇〇万円の専業主婦世帯と、そう大して変わらなくなる。世帯年収一四〇〇万円なら扶養控除もつかない。Wインカムだが、税金や社会保障費などの負担額もWになる。

都心で年収一四〇〇万円は高額所得層ではない

東京の人気エリアでそれなりのマンションを購入し、子どもひとりに十分な教育を受けさせながら育てていくのなら、世帯年収が一四〇〇万円でも決して楽ではない。子どもが二人になれば、かなり苦しくなる。

このエリアで世帯年収一四〇〇万円はかなり上位には位置づけられるが、ライフスタイルはそれほど自由にはならない。他の先進国と比べて、東京の物価が高いとは思わないが、住居費と教育費だけはかなりの高水準だ。

だから、東京やその近郊でマンションを購入する場合、世帯年収が一四〇〇万円であっても、自分たちは高額所得層なのだとは考えないほうがいい。

さらに、パワーカップルがそれぞれ三五年ローンを組むとはどういうことなのか？

まず、夫婦がともに三五年以上にわたって、購入時と同等か、それ以上の収入を得続けなければならない。どちらか片方がなんらかの理由で無収入となった場合、返済はたちまち滞ってしまう。つまり、返済が途中でおかしくなるリスクは、ひとりで住宅ローンを借りる場合の二倍になるということだ。

三五年ものあいだ、夫婦がともにずっと健康で、さらにその勤務先が倒産せず、あるいはリストラされず、またはそうなってもうまく転職先を見つけて収入を減らさない、といういくつもの幸運が重ならないといけないのだ。

さらにまた、返済途中で離婚となったらマンションの処理が複雑化する。今は三組に一組が離婚する時代だ。三五年ローンを予定通り返し切るには、残り二組に入らなければいけない。逆を言えば、ペアローンを組んだパワーカップルの三組に一組は、途中で大きな計画変更を迫られる可能性がある、ということだ。

そうでなくても、現在の金利は史上最低水準にある。別の言い方をすれば、史上もっとも多額の住宅ローンを借りられるのが今、ということ。

ただ、これも逆方向を考えなければならない。今、負担が少ない変動金利で三五年ローンを組むと、この先、金利負担が上がることはあっても、今よりも下がることはない。つまり、「金利が下がったので返済額も下がる」という幸運は絶対に訪れないのだ。

今の東京や大阪の人気エリアは、マンション価格がバブル化している。今の価格で購入すれば、何年か先に購入額以上で売れる、という状況も予測できない。

パワーカップルがお互いの年収を合わせてマイホームを購入する、ということ自体を、「やめなさい」と言うつもりはない。しかし、そういう買い方の向こうには、ひとりで住宅ローンを借りる場合と比べて、数倍の大きなリスクが潜んでいる。そのことを十分に理解してから購入の決断をすべきだ。

結論としてひとつ申し上げるとすれば、借入額は余裕をもって決めるべきだ。限度ギリギリになる年収の七倍や八倍はもってのほか。せいぜい五倍程度。できれば四倍台がいい。世帯年収一四〇〇万円ならば、六〇〇〇万円くらいの借入額に留めるべきだ。

別の項目でも書いたが、日本人は「マイホームはできるだけいいものを」と考えがちだ。だから、予算をギリギリまで上げたがる。しかし、三五年ローンを借りてまでそうすることはリスクが高すぎる。ましてやペアローンでそういう買い方をすべきではない。

[コラム]❷

新築マンションの抽選に当たる方法

こういう時代でも、新築マンションの人気物件には、抽選になる住戸が出てくる。ただ、一〇倍以上になるようなケースは少なく、たいていが二倍か三倍。せいぜい五倍だ。抽選は公開でおこなわれる。ガラガラポンで玉が出てくるあの装置を使うケースが多い。

こういう世の中でも、二倍や三倍の抽選に外れ続ける人がいる。

散々抽選に外れたので、「私はくじ運が悪い」などとおっしゃる人を時々見かける。じつは、くじ運ではない。業界関係者で、ああいった抽選が公正におこなわれていると考えている人はいない。どういうことか。

新築マンションの抽選は、販売側が「この人に買ってほしい」という客に「さあ、当たりましたよ。だからとっとと契約しましょうね」とモチベーションを高めさせる儀式なのだ。

逆に言えば、販売側が「この人には買ってほしくない」という客はまず当たらない。そういう人が抽選のための登録をすると、わざと架空の申し込みを入れて確率を低め、抽選が外れやすくする。

では、どういう人が「買ってほしい人」で、どんな御仁が「買ってほしくない」タイプなのか。

まず、「買ってほしい」客とは、基本的に購入できる経済力がなければならない。現金を持っているか、ローン審査が通る人。次に、なるべく素直な人がいい。マンション購入が初めて、みたいな客は歓迎される。その理由は、あとあとトラブる可能性が低いから。

マンション購入の手続きは、大まかに言って、要望書提出→登録→当選→売買契約→建物内覧→引き渡し、という手順で進む。「売買契約」以降は、細かに書類を揃《そろ》えての法的な手続きが連続する。そこで細かく書類をチェックして、クレームをつけるようなタイプは避けたい。さらに建物が完成したあとに、購入者に対して「この住戸を引き渡しますよ。ご承知くださいますね」という儀式をおこなう「内覧」が、もっとも緊張する手続き。

世の中には、神経質なばかりに細かなところをチェックしたり、配管などが図面通りになっているかどうか、天井や床の点検口を開いて確認したりする人もいる。そして、少しでも図面とちがうと、クレームをつける。あげくは大幅な値引きを要求したりする。

そういう客には、「売りたくない」と考えるのが販売側だ。だから、性格的になるべくそういうことをしなそうな人を抽選で当てる。そういうことをやりそうな人は外す。

消費者側にも、したたかな人がいる。わざと何も知らないふりをして、自分はいかにもトラブルを起こさない「いい客」に見せようとするお方だ。

しかし、販売側を舐《な》めてはいけない。彼らはマンション購入希望者についてのビッグデータを持っている。「モデルルーム訪問は初めて」と言うのなら話は別だが、二件か三件でも訪問履歴があれば、すぐに顧客特性が出てくる。もちろん、過去の購入履歴やトラブル履歴もわかる。

彼らのブラックリストに載ってしまうと、人気物件はまず買えない。そういう人が買える新築マンションは、竣工《しゅんこう》済みのものだけ。それも、「現況有姿(そのままの状態)で確認・承諾しました」という書類に、署名捺印《なついん》することが条件になるはずだ。

新築マンションの人気物件は滅多に出ないが、一般人が購入するにはそれなりのハードルがあるのだ。

第三章　あなたのマンションは何年もつのか？

鉄筋コンクリートの耐久年数は？

多くの人は、マンションを多少なりとも華やかな存在だと考えている。新築マンションの派手な広告に接する機会が多いからかもしれない。

しかし、マンションとは、しょせんは鉄筋コンクリートで作られた構造体にすぎない。そして、鉄筋コンクリート造の建物はかなり頑丈だ。一九八一年の建築基準法改正以降に、建築確認を取って建てられた新耐震基準のマンションは、大きな地震でも致命的な被害を受けた例がほぼない。

それほどに頑丈な鉄筋コンクリート造のマンションでも、老朽化は避けられない。その耐用年数は一〇〇年とも二〇〇年とも言われるが、実際のところは、よくわからない。というのは、人類は今まで一〇〇年以上の使用に耐えた鉄筋コンクリート造の集合住宅を、ほぼ知らないからだ。

過去には、約八〇年の使用に耐えた同潤会アパートという集合住宅があった。しかし、それもすべて建て直しになってしまった。日本でもっとも古い分譲マンションであった四ツ谷コーポラス（一九五六年築）も、建て替えられている。

フランスのパリでは、築二〇〇年のアパートが今も現役であったり、イタリアではローマ時代の集合住宅が現在も使われていたりするという。しかし、そういったものはすべて石造りだ。鉄筋コンクリート造ではない。

鉄筋コンクリート造では、鉄筋の回りをコンクリートで固めて強度を持たせている。ただ、鉄は必ず錆《さ》びる。錆びると体積を膨張させる。そして、回りのコンクリートを破裂させる。鉄筋を錆びさせないために、コンクリートにひびが入ると、こまめに補修しなければならない。

しかし、そうしたところでいずれ鉄筋コンクリートには必ずや寿命が来る。施工精度が悪ければ数十年。こまめに補修しても二〇〇年もつだろうか。

すべてのマンションは、いずれ寿命が尽きてしまうのだ。つまり、マンションが華やかであるのは、新築販売時に巨額の宣伝費をかけて広告をしているあいだと、新居に引っ越してきて、喜びを隠せない人々が気分を高ぶらせている最初の数年だけ。あとは、何十年にもわたって老朽化と戦い続けなければならないのだ。

危ないゼネコンの手抜き工事が招いた悲劇

鉄筋コンクリート造のマンションが、何年でどれくらい老朽化するのか、決まった法則性はない。これはどんなコンクリートを使い、どのように工事をしたかという施工精度が大きくかかわってくるからだ。

しかし、施工精度というものは、外からの目視ではまったくわからない。華やかなタワーマンションでも、じつは手抜き工事まがいの施工がおこなわれていたりする。

典型的なケースをご紹介しよう。

東京都下でもかなり人気の高い駅から徒歩三分の場所に、きらびやかなツインタワーが完成したのは二〇一〇年の初春だった。新築時の広告コピーは、例の如く「武蔵野を見下ろす暮らし」みたいな感じだったと記憶している。

武蔵野は見下ろして楽しいものではなく、国木田独歩のように逍遥《しょうよう》するものかと思っていたので、かなりの違和感が残る広告だった。もっとも、今の武蔵野エリアには逍遥するほどの場所はほとんど残っていない。

建物が完成したその翌年の三月一一日に、東日本大震災が起きた。

そして建物内部の共用施設がかなり損傷した。まだ新築一年である。区分所有者たちは、当然の如く怒りをたぎらせる。

「これは売り主の責任だ。売り主責任で補修せよ」

そういう要求が出てきても当然だ。売り主はそれを受けて、施工会社に、「お前のところで補修費を負担せよ」と要求する。その流れで、施工会社は被害状況の調査にやってきた。彼らは損傷箇所をチェックした。そして……。

「これらはすべて地震によるものであり、当社の責任ではありません」

そう言うと、後日、一億数千万円の補修工事見積書を管理組合に提出した。

近隣のマンションは、築一〇年でも築三〇年でも、さほどの損傷は出ていなかった。なぜに築一年のこのツインタワーが、これほどの損傷を受けたのか。区分所有者たちは納得できない。しかし、施工したゼネコンの欠陥工事を証明することもできない。

最終的には一戸につき、約三〇万円から五〇万円の一時金を徴収することで、その施工業者に補修工事を依頼せざるを得なかった。

傍で見ていても、なんとも噴飯ものの話である。じつはまだ続きがある。

二〇一七年、わりあい強い台風が東京を通過した。ただ、死者が出るほどの被害ではなかったかと記憶している。そのとき、私が見ていたSNSに「〇〇駅前で、ビルからタイルが崩落」というようなタイトルで動画が流れてきた。そのビルの二階と三階のあいだの外壁に張られていたタイルがほぼすべて、バラバラと歩道へと崩落していたのだ。幸いにして、けが人などは出なかった。先に何枚かタイルが剝落《はくらく》していたので、その歩道部分は立ち入り禁止になっていたという。仮に立ち入り禁止でなかったら、死者が出た可能性さえある。

そのビルとは、ほかでもない例のツインタワーである。駅に近いので、三階部分までは商業施設が入っていたのだ。

その時点で、たしか築六年であった。築六年で外壁タイルがバラバラと崩落するなど、普通では考えられない。明らかに施工不良である。しかし、決定的な証拠でもないかぎり、法的な責任は問えないのだろう。その事故が、その後どう処理されたのかはわからない。

そのツインタワーを施工したゼネコンは、何年か前に発覚した「杭《くい》が支持基盤に達してなかった」という横浜の大規模マンションを施工した会社と同一である。

施工不良が露見するのは、ごく一部

そのツインタワーが施工不良の物件であることは、不動産業界では、ある程度周知されている。しかし、一般にはほとんど知られていない。報道されないからだ。

二〇一五年一〇月、横浜市都筑《つづき》区のマンションで、建物を支える支持杭が建築基準法で定められた強固な地盤に達していないことが発覚した。杭の工事を請け負った会社が、杭打ち工事の一部作業データを偽装していたのだ。

入居後数年で、四棟のうち一棟で傾きが発生。「別棟への渡り廊下の手すりがずれている」という住人の訴えで調査が行われ、建物片側の手すりが二・四センチ、床面が一・五センチ低くなっていたことがわかった。傾いた棟にある計五二本の杭のうち二八本を調べたところ、支持基盤に達していない杭が六本あり、長さ不足の杭が二本あることが判明。

管理組合と元の売主が協議を続けた結果、すべての住棟を売主費用で建て替えることが決定。仮住まいや引っ越し費用なども売主負担となった。

この事件は、連日のようにワイドショーを騒がせたが、ああいうケースはかなり稀《まれ》だと言っていい。大部分の施工不良は、例のツインタワーのように、管理組合が泣く泣く自腹を切って補修を続けている。なぜか？

施工不良であることを世間に知られてしまうと、そのマンションの資産価値が下がるからである。区分所有者にとって、それがもっとも困ることなのだ。

「あんまり騒ぐと、このマンションの資産価値が下がりますよ」

私はよく週刊誌から企画協力の要請があったり、コメントを求められたりする。求められれば、どの週刊誌からのお話でも断らない。「エロとカネと笑い」をテーマとするある週刊誌から、タワーマンションを揶揄《やゆ》する特集を組みたいので、と協力を求められたことがある。もちろん快諾した。取材を受け、いろいろな話題を提供した。

数週間後、掲載誌が送られてきた。その特集のなかにあったエピソードを読んで、驚かされた。

東京都江東区に竣工してまだ数年の、とあるタワーマンション。ある日、エントランスホールの床から水が湧き出していた。さあ、大変。もちろん、すぐに補修をおこなって事なきを得たようだ。その後の管理組合の対応が振るっている。

管理組合の理事か誰かが、何百戸もあるそのタワーマンションの一戸一戸を戸別訪問。事故の発生とその処理を説明したうえで、「このことは絶対に外部に漏らさないようにしてください。こちらからはこのように口頭でご説明いたしますが、文書は一切残しません」とのたまったとか。

もちろん、これは私が提供したネタではない。その週刊誌の記者がどこかから見つけ出してきたものだ。

一般の方は、「週刊誌に書いてあることなど、半分はウソだろう」くらいに考えているかもしれない。私はこれまで一〇〇回以上、週刊誌の記事にコメントを出したり編集に協力したりしているが、ウソを書いていたことなど一度もない。また、私のほうからもさまざまな記事ネタを提供しているが、彼らは裏が取れないと絶対に記事にしない。デスクにはねられる。幾度も訴訟を経験している彼らは、危ない橋を渡らない体質になっているのだ。

だからきっと、そのエントランスホールから水が湧き出した話も、真実だと推定する。そのあとの管理組合の対応も、「いかにも」と思わせる。それだけ、区分所有者というものは、自分たちのマンションについての悪い評判を嫌がるのだ。

施工不良についてクレームをつける管理組合や区分所有者に対して、管理会社や元の売り主が吐く殺し文句がある。

「あんまり騒ぐと、このマンションの資産価値が下がりますよ」

こう言われると、ほとんどの区分所有者は黙ってしまう。だから世間に知られるようなマンションの施工不良事件は氷山の一角なのだ。その背後には、膨大な泣き寝入りがあると考えてよい。

施工精度はマンション一棟一棟で異なる

あまり知られていないが、マンションの建築施工というのはそのほとんどが人間の手作業である。

重たいものを持ちあげるのはクレーンが使われる、しかし、それをあるべきところに据えつけたり、溶接したりするのは人間の手作業だ。コンクリートの型枠を作り、あるべきところに嵌《は》めるのも職人の仕事。生コンクリートを送り出すのは機械だが、流し込む作業は職人がじっと見守っている。外壁タイルを一枚一枚張るのも手作業。その張り方がいい加減だと、数年で剥落が始まる。それこそ施工不良だ。

あたりまえだが、マンションは一棟一棟すべて異なる。ひとつとしてまったく同じマンションなどありえない。それと同時に、同じ施工精度のマンションもないと断言できる。なぜなら、まったく同じ職人と建築資材を使って、まったく同じ設計のマンションが建築されるなんてことはありえないからだ。

だから、マンションの施工精度というのは一棟一棟すべて異なる。

マンション購入の相談を受けていると、「どこのデベロッパーのマンションがいいですか?」という質問をよく受ける。そんな漠然とした質問には答えられない。しかし、そういう質問にも何らかの答えを出さなければいけないのが私の仕事だ。だいたい、次のように答えることが多い。

「大手デベロッパーのほうが、比較的施工不良は少ないと思います。なぜなら、組織も人も中小に比べればしっかりしているから、ミスが起こりにくいのです。仮にミスが起こっても、あの横浜の事件みたいに世間にバレてしまったら、補償をしてくれるはずです。お金がありますからね。中小でもいい仕事するデベはたくさんあります。でも、大手に比べてミスは多い気がしますね。それに、施工不良だった場合の責任を取れと言っても、お金がないから取れないところも多いと思いますよ」

誤解がないように補足するが、大手だから安心というものでもない。大手というのは、だいたいが傲慢である。横浜の事件でも、売り主の財閥大手があまりにも傲慢すぎたので区分所有者の多くが反発して、建て替え決議では一〇〇%近い賛成票が集まったと聞く。

すべてのマンションは「手作り」である

マンション作りというのは、設計の段階から最後の内装の仕上げまで、手作業の連続なのである。人間がやることには、必ずミスがつきまとう。だから、大手が手掛けていても、施工不良は必ず発生する。

ここ数年で、三井不動産レジデンシャルをはじめ、三菱地所レジデンス、住友不動産の財閥系三社は、いずれも最終的には建て替えに至る施工不良問題を起こしている。

私は個人的に、建築精度なら長谷工コーポレーションが施工するマンションがもっとも安定していると考えている。長谷工コーポレーションがプロデュースするマンションは、極めて画一的だ。同じような間取りがズラリと並ぶ単純な設計のマンションを、どかんと敷地に立ち上げるのが長谷工プロジェクトだ。

私は長谷工プロジェクトのマンションを、「マンション業界のユニクロ製品」と呼んでいる。デザインよりも、丈夫さやコスト重視。ユニクロの製品は、デザイン的には何年か経つと、なんとも冴《さ》えないお召し物になるが、極めて丈夫だ。

長谷工のマンションも、ユニクロのようなもの。その多くは、年月を経て成熟の味わいを出すというよりも、単純に老朽化する。しかし、施工精度は極めて安定しているので、不具合が発生する確率は小さい。

理由はハッキリしている。長谷工組と呼ばれる下請け集団は、いつも同じような設計のマンションを、同じ建築資材を使って、同じような作業をしながら建築施工する。いつもやることは同じ。使う素材も同じ。自然に熟練が早くなる。その結果、ミスも少なくなるのだ。

だから長谷工を買いなさい、とは言わない。ただ、郊外立地で安心だけを求めるのなら、長谷工施工のマンションも選択肢に入れていい。

マンションの通信簿「総会議事録」を確認せよ

ここまで読んで、「自分が買って住んでいるマンションが、もしかしたら不良建築かもしれない……」と、そういう不安が湧いてきた人がいるかもしれない。ここでは、それを確かめる方法をお教えしよう。じつに簡単だ。

分譲マンションの管理組合では、必ず一年に一回総会が開かれる。その総会が開かれる二カ月から一カ月前に、まず「第○回○○マンション管理組合総会議案書」なるものが手元に届けられるはずだ。また、総会終了後、数週間で同じような厚みの「総会議事録」も届けられる。最近は、紙ではなくてPDFの場合があるかもしれない。ただ、区分所有者であれば、必ずそういった書類が、なんらかの形で送られてくる。

この両方に目を通すことをすればいいのだが、時間が惜しければ「議事録」だけでも十分だ。これを過去三年分くらい熟読するとよい。

どこに気をつけるかのチェックポイントを示しておこう。

◎マンション内で、水漏れ、雨漏りが発生していないか
◎マンション内で、致命的な不具合が起きていないか(例:外壁タイルの大量崩落等)
◎区分所有者同士で、争い事が発生していないか(例:訴訟に至るような問題)

ハッキリ言って、総会議事録はそのマンションの通信簿のようなものだ。マンション内で発生している重大な事象は、ほぼ総会の議案のなかに入っているはず。なかには前に例に出した湾岸の某タワーマンションのように、「この件は一切文書に残しません」というようなケースがないではないが、それは稀。

ちなみに、この総会議事録は区分所有法のなかで、「利害関係人の請求があったときは、正当な理由がある場合を除いて、規約の閲覧を拒んではならない。（三三条二）」と定められている。利害関係人というのは、区分所有者はもちろん、購入検討者も含まれる。つまり、総会議事録は秘密にはできない類の書類なのだ。

ただし、本書でもあとで取り上げるような、悪徳理事長が独裁専制しているような管理組合では、総会議事録には重大事項を取り上げずに平平凡凡な内容に終始する。しかし、そういうかなり異常な状態にある管理組合は、住んでいれば自然とわかる兆候がいくつもある。議事録には書かれていなくても、問題点は見つけられるはずだ。また、たとえ外部からでも注意深く観察すれば、ある程度は異常さが見えてくる。

コラム 3

「マンションポエム」との付き合い方

何年か前に、「天地創造」というキャッチコピーを打ち出した、さる財閥系大手不動産デベロッパーが東京近郊に開発した、六〇〇戸規模のマンションがある。建物は数年前に竣工。もちろん、そのマンション自体は「完売」している。

「天地創造」とは、旧約聖書の冒頭で「光あれ」から始まる、神様がこの世界を創ったというエピソードを指すフレーズ。それをたった六〇〇戸程度のマンションのキャッチコピーに使うのだから、それはもうポエムとしか言いようがない。

そのマンション、かなり販売に苦戦した。彼らにとっての「天地」は「創造」できたが、住む人は思うように引き寄せられていない様子だった。

一〇年以上前の例だが、ある新築マンションが「〇〇涼子」という人気女優をイメージキャラクターに起用した。このマンションの折り込みチラシの表面には、彼女の写真と「感度リョーコー」というキャッチコピーが躍った。これには正直、あまりのバカバカしさに腰が砕けた。

こういったマンションポエムを、横目で見ながら笑っている分にはいい。しかし、そのマンションの購入を真剣に考えている場合には笑えない。そこで、マンションの広告からその物件の「真の姿」をあぶりだすノウハウをお伝えしたい。

はじめに、われわれ業界インサイダーは、マンション広告のなかでどこをまず見るのか。

「不動産の価値は九割が立地で決まる」と言う。まことにそのとおりだ。だから、われわれは最初に、「現地案内図」や「MAP」という項目を探し出してクリックする。そして、物件がどのあたりにあるのかを大まかに把握する。

首都圏で分譲される新築マンションの場合、場所の次には「〇〇駅徒歩〇〇分、3LDK　〇〇・〇〇㎡、〇〇〇〇万円」を確認する。

業界用語では「3P」。Place、Plan、Price の三要素だ。

最寄り駅とそこからの徒歩分数、間取りと面積、価格の三要素。これらの要素は、「概要」という新築マンションのオフィシャルサイトのなかでは、もっとも地味に作られているページに集約されている。ただし、これらの要素だけで、そのマンションの資産価値が決まる。

あと、私は「全体計画図」をわりあい重視する。敷地形状と建物や共用施設の配棟計画である。ここで、そのマンションの設計がどの程度ていねいになされているかをうかがい知ることができる。しかし、これはプロだからわかること。一般の方には少し難しいだろう。また、全体計画図を表示していない物件も多い。

共用施設についてはプールや温浴施設など、よほどのものでないかぎりはざっと見るだけ。また、「設備・仕様」というのは大手ならどこも似たり寄ったりなので、チェックさえしない。「ディスポーザーがついている」などということは枝葉末節。

トップページに大きく出ている「天地創造」とか「感度リョーコー」とかいったところは、そのマンションの真の価値を見極めるためには、何も関係がない。むしろ邪魔だ。

そこからわかるのはただ、売り主の販売担当者が自分たちの開発したマンションをどう考えているか、ということだ。たとえば、「天地創造」であれば「俺たちはこんなに大きなスケールで街を作ったのだ」という、やや上ずった意気込みが表れている。「感度リョーコー」には、「このマンションは、なんのとりえもないから、涼子ちゃんのイメージでごまかしています」という本音が透けている。

トップで「渋谷区松濤《しょうとう》」とか「京都下鴨《しもがも》」など、地名を大々的に謳《うた》っていれば、「このマンションのいちばんのウリは立地です」と言っている。単純に、「駅徒歩三分」とか「一分」を大々的に打ち出しているトップページも多い。なんと言っても、「不動産は場所が九割」なのだから、そういう打ち出し方は、むしろ王道と言っていい。

なんの関係もないタレントやキャラクターが前面に出ていれば、要注意。何かをごまかさなければいけないマンションである場合が多い。

そもそも、スペックの優れたマンションは広告に頼らずとも売れる。じつのところ、広告がほとんど出ないのに完売しているマンションもそれなりにある。

オフィシャルページを眺めていて、「なんだこれは」という印象を受けるマンションは、選択肢から外してもいい。「自分と合わない」と感じたなら、そのマンション自体と感性がずれていることが十分考えられるからだ。


自由主義経済のもとでは、モノの価格は需要と供給の関係で決まる。これは不動産といえども同じ。マンションの価格にしてもそうだ。

新築マンションの場合は、まず売り主側が販売価格を設定する。その価格で売れればいいが、売れなければどうなるのか？

当然、価格を引き下げなければならない。新築マンションの販売価格が下がるパターンはいくつかある。

まず、もっともわかりやすいのは、「価格改定」。売り主が販売価格を引き下げて、それを広告などでアピールする。これはもう、あからさまに元の価格では売れない場合に選ばれる手法。売り主企業のギブアップみたいなものだ。

次にわかりやすいのは、「特別価格の設定」。これは「モデルルーム使用住戸につき」といった言い訳がつく。つまり、限られた住戸だけ理由をつけて値下げする、というもの。

しかし、そんなことをやっている新築マンションは、その限定住戸以外でも同じ割合で値引きをしている場合がほとんどだ。もう買ってしまった人への言い訳をしているだけである。

広告上で表明せずに、個別交渉で値引きをする場合も多い。ほとんどの値引きは、水面下での交渉でおこなわれる。値引きによって契約が成立した場合、購入者は「他言いたしません」という念書を取られる。だから、いくらの値引きがおこなわれたかを、他の検討者は知りえない仕組みになっている。

ただ、私のところには、マンション購入に関するさまざまな相談が寄せられる。「〇〇万円の値引きを提示されているのですが、買ってもいいですか」といった内容だ。マンションが売れなくなると、そういう相談が多くなる。

ところが、最近では、人気の高い都心エリアの物件でも、値引きに関する相談がチラホラ寄せられるようになった。

新築マンションの値引きというものは、売り主が決断することでおこなわれる。売り主が値引きをしない方針である物件では、販売現場の担当者とどれだけ上手に交渉しても無駄だ。また、売り主によっては、どれだけ販売不振でも絶対に値引きをしない方針の企業がいくつかある。そういう売り主のマンションについては、値引き交渉をしても無駄。

値引きをしている新築マンションを見分ける方法はいくつかある。

まず、すでに竣工しているか、竣工間際のマンションだと値引きがおこなわれやすい。

物件の公式ホームページなどで、販売側の焦りが感じられる物件も、値引き可能な場合が多い。先にあげた「モデルルーム使用住戸につき」とやっている場合は、ほぼ値引きが可能。

結局、マンションは高くなりすぎると売れない。間違って高すぎるマンションを買わないためにも、まず値引きの可能性を探ってみるべきだろう。

第四章　管理組合がマンションを廃墟化させる

管理組合の機能不全が最大の要因

マンションは、基本的に鉄筋コンクリート造である。一般に、鉄筋コンクリート造の建物は一〇〇年程度の耐用性があると言われている。ただ、これは実証されたわけではない。われわれは今、鉄筋コンクリートという比較的新しい建築素材について、さまざまな建造物を作って「何百年、あるいは何十年使えるのか」という壮大な実験をしている最中なのだ。結論が出るのは、あと何十年か先のことになるだろう。

数年後、あるいは数十年後、日本でマンション廃墟化の問題が深刻化するとすれば、それは鉄筋コンクリートの耐用性など、物象的な問題ではなく、人為的な過ちに起因するものであろうと私は推測している。

人為的な過ちを起こす主体は、管理組合だ。管理組合が機能しなくなったマンションは、必ずや廃墟化する。それは間違いない。

すでに、首都圏ではいくつか管理組合が機能不全に陥っているマンションがある。私も何物件かモニターしているが、かなり危うい状態である。

あるいは、なかで争いが起こり、訴訟沙汰になっていたり、重要な議案が可決されなくなっていたりする管理組合も多い。

私は、管理組合というものは、その組成のあり方からして内部で争いが起きやすい組織体だと考えている。

まず、マンション管理の主体となる管理組合とは、そもそもが平等な権利を有する区分所有者の組織である。

この組織は学校や企業、役所などとは異なっている。学校や企業、役所などは組織がピラミッド型に作られていて、上と下が明確に定められている。命令を発する側と、受けて従う側だ。

管理組合には、そういう上下関係はない。強いて言うなら、管理組合は自治体だ。管理組合の理事長は首相兼議長。理事会は議会。区分所有者は市民。管理費や修繕積立金は税金だと考えればいい。

国家、都道府県、市区町村など、規模や単位の大小にかかわらず、予算や許認可権限を持っているところは、しっかりと見張ってないと必ず悪いことをする輩が出てくる。最終的に自分の懐が潤うように予算案を組んだり、息のかかった連中が甘い汁を吸えるように許認可権限を恣意的に行使したりする。

じつのところ、管理組合も同じ構造なのだ。言ってみれば、利権を持った組織。そのことを忘れてはならない。

マンションを私物化する悪徳理事長たち

東京の城南エリアにある、とあるマンションで起きていることをご紹介する。

そのマンションは、建物ができてほぼ三〇年。規模は約三〇〇戸。相当の管理費と修繕積立金の予算があるはずだ。

このマンション、当初からほぼ同じ人物が管理組合を支配している。ここまでだったらよくある話だ。

その理事長は、さまざまな意味で管理組合というよりも、そのマンション自体を私物化している。

「その賃借人の入居は承認できない」

そのマンションでは、賃貸の入居者を管理組合が審査する。不許可なら入居できない。区分所有者は、賃借希望者との賃貸借契約を結べない。結んでも、その賃借人の居住は拒否される。

そんなことができるものなのか、と知り合いの弁護士に尋ねた。

「管理規約でそのような定めがあれば可能だろう。しかし財産権の侵害で争うことはできると思う」

グレーゾーンということか。その理事長のバックには、組合の顧問弁護士がついている。顧問料は、もちろん管理費から払われているのだろう。ただ、やっていることはその理事長の管理組合私物化を法的に守るという、用心棒的な仕事がほとんどだと思われる。

古いマンションなのでリフォームの要望が多い。すべて管理組合の承認が必要となっている。

理事長は、他人に対する好悪の感情が激しい人物だという。自分の気に入った区分所有者の要望はすんなりと承認するが、嫌っている区分所有者からの要望は却下する。なんとも呆《あき》れた話だ。そのことで裁判を起こした区分所有者もいるとか。

また、リフォーム工事には指定業者しか使えない。もちろん、理事長と裏でつながっているのだろう。区分所有者は泣く泣く割高のリフォーム工事を発注せざるを得ない。

ある区分所有者が、総会において理事長に対して組合の預金通帳を開示せよと要求した。ところが、何年経っても開示されない。残高はきちんと積み上がっているのだろうか。

その理事長、この二〇年間は仕事をしている気配がないという。

近隣の不動産屋は、そういった事情をよく呑《の》み込んでいる。

「あの物件は購入して住むのはいいかもしれませんが、賃貸には出せませんよ」

そのマンションについて聞かれると、そう答えるという。

実際、そのマンションは周辺に比べて中古価格も月額賃料も異様に安い。すでに市場から敬遠されているのだ。

犯罪まがいの行為も見逃されている

このマンションでは今、有志たちによる理事長追放の運動が起こっている。しかし、理事長を解任するには、まず区分所有者全体の五分の一が臨時総会の開催を求め、そこで解任の議案を過半数の賛成を得て可決しなければならない。これは簡単なようで、かなり難しい。

まず、反理事長派の人々はただの区分所有者だ。そのマンションの区分所有者の連絡先さえわからない。マンションに住んでいる人については、ポストに書類を入れるなり、戸別訪問で接触して反理事長派の意見を伝えることも可能なのだが、居住していない人については登記簿を調べることくらいしかできない。ただ、登記簿に記された住所が現在の連絡先とはかぎらないのだ。

日本という国は、衆議院議員を選ぶ国政選挙でも、投票率が六割に満たないことがほとんどである。東京二三区の区議会議員選挙に至っては、軒並み四割台の投票率だ。マンションの場合はさらに規模が小さくなる。しかし、それこそ身近な問題なのに、関心を払わない人が多すぎる。

身近な問題だけに「めんどうくさいことにはかかわりたくない」、「争いに巻き込まれたくない」という人も多い。また、管理費や修繕積立金が横領されていても「表面上は問題がないからいいではないか」と考える人もいる。

だから、仮に全区分所有者の五分の一の賛同が必要な臨時総会開催にこぎつけても、その総会で理事長解任決議案は否決される可能性が高い。

反対運動も、権力濫用で押さえつけられる

別のマンションの管理組合において、同じように理事長が管理組合を私物化していた事件で、私は反理事長派をコンサルティングしていたことがあった。

「あの理事長を解任しよう」

そういうことになって、区分所有者のなかで仲間を募り、なんとか五分の一以上の賛同を得た。これで、理事長解任を主な議案とする臨時総会の開催を求めることができる。

しかし、その理事長は、自分の解任決議案を議論する臨時総会に堂々とやってきて、

自ら議長になることを宣言。「議長一任」として提出された委任状の議決権を行使して、反対多数で自分の解任決議案を否決してしまった。

現在の区分所有法では、こういった理事長の悪意専横を阻む規定はほとんどない。理事長が悪意を持って管理組合を私物化しようと思えば、いくらでもできる。また、自分への反対運動を自らの権力を濫用して押さえつけることさえできる。

ちなみに、その解任決議を自ら否決した理事長は、その騒動の六年ほど前にそのマンションを中古で購入後、間もなく理事長に就任。直ちに管理会社を変更した。自分の言うとおりになる管理会社を引っ張ってきたのだろう。

その後の六年間は、その理事長は管理組合の業務以外の仕事をしている気配がまったく感じられなかったという。どうやって住宅ローンを返済し、日常の暮らしを維持していたかは、いまもって不明。

解任騒動の半年ほどあと、なぜかそのマンションの理事長宅を警察が家宅捜査。所有の高級ドイツ車は警察に押収された。

その後、理事長は自ら辞任。さらにその一年後には、理事長宅は抵当権を設定している金融機関から競売を申し立てられ、そのまま誰かに競落された。

管理組合は大金を扱う「政治的利権」である

多くの人は、自分が区分所有者であるマンション管理組合の重要度を、学校の生徒会に毛が生えたものか、もしくは、よくある企業の御用組合程度にしか見做していない。それは大きな間違いである。

マンションの管理組合とは、そのものが政治的利権に他ならない。マンションの規模が大きくなればなるほど、利権も大きくなる。

数百戸規模のマンションになると、年間に数億円の管理費予算を執行する。大規模修繕になると一〇億円を超える工事費になることもめずらしくない。そういったお金の使い道を決めるのは、ほぼ理事会。その理事会のトップに立つのが理事長である。

一〇億円を超える予算を持っている組織を、その使い方については素人同然の人々が仕切っているのである。これは、いかにも脇の甘い利権集団である。悪意を持った人物が私物化しようと思えば、簡単にできてしまう。逆に、この素人集団をうまく操って、自社に利益をもたらそうとする管理会社にとっても、扱いやすい組織である。

先にあげた例のように理事長が管理組合を私物化した場合、そのマンションの規模が一〇〇戸を超えるとひとりの人間が並みの暮らしを送れ、二〇〇戸を超えると家族を養うことさえできる。

湯沢町のタワーマンションでは、約七億円のお金をひとりの理事長が着服さえしていたのだ。これを利権と呼ばずして、なんと呼ぶのか？


権力は腐敗する、絶対的権力は絶対に腐敗する。これはイギリスのアクトンという歴史家の言葉である。

湯沢町で約七億円を横領したケースも、城南エリアで絶対権力を振るう理事長も、自らの解任議案を自らへの委任状で否決した事例も、すべて絶対的な権力を持った理事長の専横が生んだ結果である。

そして、マンションの管理組合におけるこういう悪意を持った人物による絶対的な権力の登場と、その半永久的な継続を許しているのが、今の区分所有法なのだ。

第五章 管理組合が果たすべき役割

見逃してはいけないマンション購入時の「超重要書類」

新築マンションを購入した経験者はおわかりいただけると思うが、契約書以外にもさまざまな書類にハンコを押すことになる。

もちろん、もっとも大切なものは「売買契約書」。次は「重要事項説明書」。じつはそのほかにもたくさんある。「管理規約集」とか「管理委託契約書」。さらには「長期修繕計画書」というのもあるはずだ。

たいていの方は契約時には「これで新築マンションに住める」と、気持ちを舞い上がらせている。だからろくに書類に目を通さず、言われるままに「はいはい」とハンコを押してしまう。「大手の○○不動産だから、へンなことはないだろう」と信用する人がほとんど。日本はいい国だ。そうやってハンコをつきまくっても、そうそうへンなことにはならないのだから。

その後、建物が完成すると、晴れて引き渡し。家族とともに引っ越し。たいていの人にとって、新築のマンションに暮らし始めるのはウキウキ気分だ。

ちょっと大きなマンションなら、管理員さんが毎朝笑顔で挨拶してくる。

「おはようございます。いってらっしゃいませ」

コンシェルジュのいるホテルに泊まっているような気分になれる。そうこうしているうちに、約一年が経過。管理組合から「第一回定期総会開催のお知らせ」という、けっこう分厚い書類が送られてくる。

議案書には「議案事項」、「決算報告」、「来年度予算」などという項目が盛り込まれているはずだ。総会に出席すると、議長役の理事長が前に座っていることだろう。

「ああ、この人が理事長だったんだ」

大部分の人は、そのときに初めて理事長の顔を確認する。その左右をがっちり固めているのは理事さんたち。背後かあるいは横に立ってかしこまっているのが、管理会社の担当者（フロント）。

「ああ、そういやこの人よく見るなあ」

フロントさんは、マンション内でいつも愛想よく振る舞っている。

第一回の定期総会なんて、普通なら深刻な議案は何もないはず。決算と予算を承認して次期の理事を決めると、あとはしゃんしゃん。

しかし、ここで敏腕な理事会ならしゃんしゃんで終わらせずに、「管理規約の改正」という議案を出してくる。管理規約とは契約のときに渡され、同意のハンコを押した書類のひとつ。

「管理規約の第○条○項は……となっていますが、これは本マンションの……である事情には不都合ですので議案書○○ページ○項のように変更したいと考えます」

というように、管理規約には必ず改正すべき点が見つかる。なぜか？

それは、大手デベロッパー分譲マンションの管理規約は、基本的に統一フォーマットをもとにしているから生じること。マンションには、物件によってさまざまに個別の事情があり、時を経るにしたがって、個別の事象が起こる。本来、それらを想定して管理会社の担当者が条項を改変しているはずなのだが、現実に起こることは本当に現実にならないとわからない。だから、そういった管理規約の不具合に気づいた理事会は、第一回の総会から管理規約の変更を議案にする。

しかし、そんなことができる管理組合はごく少数派。ほとんどの第一回定期総会はしゃんしゃんで終了。そして、そのマンション固有の問題はどんどん深く潜行して、見えないところで傷口を広げていく。

購入者の意思を無視した「お仕着せ四点セット」とは

新築マンションは、購入契約をした時点で重要な次の四点が、購入者の意思をなんら反映せず「お仕着せ」で決まっている。

①管理規約
②管理会社
③管理費・修繕積立金
④長期修繕計画

この四点は、管理をおこなううえでの最重要項目。それが、購入者の意見をまったく聞かずに決められてしまっているのが現実だ。

「そんなもの、あとから変えられるでしょ？」

そのとおり。管理の主体は管理組合。管理組合は、この四点を全部自主的に決められる。

そして、管理組合を構成するのは区分所有者（購入者）。最終的には区分所有者の意思によって、この四点の中身が決まるのだ。

しかし、そこには手続き上、相当の困難さが伴う。

この章の冒頭で紹介した「管理規約」。これはそのマンションにとっての「憲法」にあたる。だから、変更するにはとても高いハードルが設けられている。

たとえば日本の憲法は、国会両院での三分の二以上の賛成決議と国民投票における過半数の賛成と、かなりハード。だから今まで実現せず。

一方、マンションの管理規約変更は、ほとんどの場合で「区分所有者の四分の三以上の賛成」を必要とする。一〇〇戸のマンションなら、七五戸以上の賛成となる。

ハッキリ言って、大部分のマンションではこれがかなり困難だ。

たとえば、元の地権者がやりたい放題に管理組合を私物化していたマンションでは、改革派が主導してこの四分の三決議を実現した。元の地権者たちは、改革派の理事会がまさかそこまでやってしまうとは思っていなかったようで、かなり驚いたという。

築一〇年くらいのマンションになると、総会への出席と委任状の提出を合わせてやっと定足数の半分を超えるマンションがほとんどだ。それを七五%以上の出席と委任状を集めるだけでも大変なのに、そのほとんどを賛成票にしないといけないからだ。

だから、この「四分の三議決」ができる管理組合は、全体でもごく少数だろう。もしやろうとするならば、新築で入居してから五年以内が勝負だ。それくらいまでは、多くの区分所有者が総会に出席したり、委任状を出してくれたりする。

一〇〇戸以上のマンションで、築一〇年を経過するとまず無理。だから、この「お仕着せ四点セット」の一点目は、ずっと「お仕着せ」のままで脱げない可能性が大きい。
②、③、④については、総会における出席もしくは委任状や議決権行使書の過半数で決議できる「普通決議」で変えられる。たとえば、一〇〇戸のマンションの総会に、五九戸が出席・委任状等の提出があったとして、そのうち三〇議決権(住戸)の賛成があれば可決。かといって、管理会社を変えるというのは、さほど簡単ではない。

そもそも、管理組合の運営は、民主主義が原則であるはずである。であるのに、運営上の重大な事項が、すべて入居前にデベロッパーと管理会社の主導で決まっているというのはおかしいではないか。

しかも、管理費等は管理会社がしっかり利益を取れる水準に設定されている。さらに言えば、管理会社がやりやすいように管理規約が決められている場合も多い。後述するが、管理組合の長期修繕計画は管理会社にとっての長期収益計画にほかならない。

こういった重要なことは、新築時には暫定としておき、管理組合が組成されてから二、三年かけて区分所有者が話し合いながら決めていくべきことではないか。

最初に「お仕着せ」で最重要な四つの事項を決めてしまっていることで、その後に重大な支障を招いているケースはかなり多いと思われる。今後は国交省などが主体となって、この「お仕着せ四点セット」というおかしな制度を改めていくべきではなかろうか。

コミュニティ形成など二の次でいい

私はマンションに関するさまざまな問題をテーマにしたテレビ番組の特集などに、コメンテーターやパネラーとして呼ばれることがある。先日ある番組で、著名な住宅情報サイトの編集長と、司会的な役割を務める某芸人さんと私の三人で、鼎談《ていだん》形式でマンションについてのさまざまな話題を話し合う機会があった。

そこで、編集長氏が「今のマンションの管理組合には、意識の高い人がリーダーになって意欲的な活動をしているケースが多い」として、東京の湾岸埋め立てエリアのケースを紹介された。

東京都江東区の湾岸エリアでは、ここ十数年でタワーマンションが続々と誕生した。そのなかでも、いくつかのタワーマンションでは「名物」と言えるほどの理事長が現れて、積極的な活動をなさっている。

民泊を排除する管理規約のひな型を作成して公開したのも、その一例。タワーマンションの管理組合が連帯する組織作りもおこなわれた。マンション自体のホームページを作成して、仲介業者や中古での購入希望者に積極的に情報を公開していく活動も、あのエリアが先駆的な役割を果たしたものと理解している。

その編集長氏が紹介したのは、そういった管理組合が、共同で自分たちの運動会を開催している、というお話。タワーマンションの住民が参加できる一大イベントで、大いに盛り上がるのだとか。

そういえば、私は京都市の左京区《さきょう》で生まれて育ったが、子どものころは町内会主催の運動会があった。参加するとノートや鉛筆がもらえるので、それ欲しさにのこのこと出掛けた覚えがある。

運動会でなくても、「夏祭り」的なイベントを開くマンションは多い。敷地にゆとりのある大規模マンションだと、経済的にもそういうイベントを開催しやすい。私の知る都心のタワーマンションでは、一階のエントランスホールに高価なグランドピアノを置いてミニコンサートを開いたりしている。住人たちが交流できるイベントは、それなりに意味があることだと思う。

こういった、住民や区分所有者同士の交流を図るイベントなどを、マンション管理の世界では「コミュニティ活動」と呼んでいる。コミュニティ活動が活発におこなわれているマンションは、日頃から住民同士の交流がなめらかなので、災害時にお互いに助け合わなければならなくなったときにも、うまくいきやすいのではなかろうか。

管理組合が果たすべきもっとも重要な役割

しかしコミュニティ活動というものは、分譲マンションの管理組合が果たさなければいけない役割のなかで、優先順位は高くない。むしろ、コミュニティ活動などまったくおこなわなくてもなんら問題はない、と私は考えている。

では、管理組合が果たさなければならない役割で、もっとも優先順位が高いものとはなんなのか？

①マンションの資産価値を保全するためのさまざまな業務
②管理組合資産の適正な活用と会計処理業務
③長期的な視点に立った建物メンテナンスの実施

この三項目に尽きる。

嚙《か》みくだいて言うと、①は、マンションの共用部分がつねに健全で清潔な状態であるようにすること。エレベーターが正常に作動し、受水槽は衛生基準を満たし、非常電源はいつでも作動できる状態を保つこと。エントランスや共用廊下は、つねに清掃が行き届いた状態であること。

簡単に言えば、業務を委託している管理会社がきちんと仕事をする管理要員を派遣してきて、契約書通りの仕事をしているかどうかチェックしていればいい。

また、共用部分のどこかに不具合が生じたら、しっかりと確認して補修工事などを手配する。
②は、区分所有者が支払う管理費や修繕積立金をきちんと管理し、適正な支出をおこなうということ。要するに、予算と決算の決議を適正におこなうことである。さらに言えば、徴収している管理費や修繕積立金が適正な水準であるかをチェックして、そうでない場合は適宜値上げなどの措置を講じるべきであろう。

私に言わせれば、①と②はできてあたりまえ。重要なのは③である。

先に述べたように、世の中には同じマンションはひとつもない。一棟一棟、老朽化の進み具合がちがう。

大切なのは、自分たちのマンションがどういう特性を持っているのかを知っていることである。

不幸にも、施工不良だった前述の東京都下のツインタワーのようなマンションであれば、つねに次に何が起きそうなのかを予測して、先回りしていなければならない。これはかなり大変であるし、費用もかかる。私がそのマンションの区分所有者だったら、将来何が起こるか予測できないので、とっとと売却して他の物件を買う。そこの区分所有者に相談されても、同じことを答えるだろう。

施工不良であるかどうかの見極めで重要なのは、雨漏りと水漏れである。築一〇年以内にこれが起こっているマンションは要注意。一カ所の雨漏りを補修しても、次から次へと不具合が出てくるはずだ。その後、永遠にこの問題と取り組まざるを得ないだろう。これは、躯体《くたい》部分もしくは接合部分に施工不良があると推定できるからである。根本的な補修は不可能かと思える。こういったマンションも、まったくお勧めできない。

外壁がタイル張りのマンションも、いずれは剥落が起きることになる。築一〇年までに剥落が起こっているようなら、これも永遠の問題だろう。次から次へと剥落が起こるはずだ。例のツインタワーのように、大規模な剥落さえ発生しかねない。外壁タイルの剥落で、通行人に怪我をさせたり、死に至らしめたりした場合、その責任は管理組合にある。通りに直接面している外壁タイル張りのマンションにとっては、なんとも厄介な問題である。

そもそも、マンションの外壁にタイルを一枚一枚張る必要性はない。ただ美観を整える、というメリットだけだ。だから、オフィスビルで外壁にタイル張りを採用しているケースをほとんど見かけない。「外壁は美しいタイル張り」というのは、石造りやレンガを積み上げたヨーロッパ建築への歪《ゆが》んだ憧れを持つ、日本のマンション業界の奇習だと私は考えている。

マンションのメンテナンスでもっとも重要なのは、配管類の劣化だ。頃合いを見計らって取り換えておかないと、排水管のつまりや逆流など、大きな事故につながる。これもどこかの住戸に被害が出れば、管理組合に法的な責任がある。

また、大規模修繕工事というのは、すべてのマンションに必要なわけではない。施工精度のしっかりしたマンションなら、不具合が生じた箇所、あるいは不具合が生じそうなところを見つけては順次補修をおこなっていけばよいのである。何もそれをまとめて一二年に一度の割合でやる必要性は微塵《みじん》もない。

「大規模修繕工事を一二年に一度」という非常識

そもそも、「大規模修繕工事」というイベント的な大工事がまるで「すべてのマンションに必須」といった空気が蔓延《まんえん》していること自体がおかしい。国土交通省を巻き込んだ、マンション管理業界の陰謀ではないか、とさえ感じている。あんなものを一二年に一度ずつ、六回も七回も繰り返す必要が、すべてのマンションにあるとはとても思えないのだ。

特に、経済合理性がかなり怪しい。大規模修繕工事の費用は、通常の板状型マンションの場合は、概ね一住戸あたり、一〇〇万円だとされている。一二年に一度、大規模修繕工事をやるのなら、それだけのために一住戸につき毎月約七〇〇〇円の負担になる。大規模修繕工事のほかにも、日々の補修工事があり、また地震などの災害用にも資金をプールすべきだ。そうすると一住戸が月々二万円を積み立てることになる。一戸建て住宅なら、そこまでしなくても、十分に建物を健全な状態に保てる。

これがタワーマンションだと、さらに厄介である。大規模修繕工事の予算は、一住戸あたり二五〇万円前後がひとつの目安。建設工事費が値上がり傾向にあるので、将来は三〇〇万円近くにまで達する可能性がある。

このようなことも含めて、管理組合は自分たちのマンションがどのような状態にあり、今後どのようにメンテナンスをおこなっていくのかを見定めて、方針を策定し、区分所有者たちに説明し、同意を得ていく必要がある。これが管理組合にとって、もっとも重要な責務なのだ。

ただ、これら管理組合の役割は、普通にやっていれば、さほど難しいことではない。上手に管理会社やコンサルタントを使えば、理事会の負担は少なくなる。たしかに、どこのマンションの管理組合でもやっている普通の業務のように見える。ところが、実際には、この簡単なことがきちんとできていない組合が多いのだ。

あるいは、「悪徳理事長」の項目で紹介したように、意図的に不正がおこなわれている組合もめずらしくない。

管理会社とコンサルタントを上手に使いこなす

管理組合の仕事を円滑に進めるには、管理会社やコンサルタントを上手に使うことが一番の近道である。そして、もっとも避けるべきは、悪徳理事長をのさばらせることだろう。あるいは、やたらと承認欲求が強いだけの人物を理事会内にはびこらせないことだ。

まず、管理会社は、基本的に管理組合とは利益相反の関係にあることを忘れないことだ。管理組合が事なかれ主義の人々で運営されている場合、管理業務を受託している管理会社にとってはいいカモなのである。その管理組合からとことんお金を吸い上げようとする。

まず、やたらと不必要な工事を提案してくる。そして、自社で施工を受注するように持っていく。管理会社が受注する場合の利益は、通常だと三割。場合によっては、五割ということもある。そういう場合、管理会社はその組合の修繕積立金の残高を自社の未来の売上高だと考えている。

もちろん、大規模修繕工事も自社で受注しようとする。大規模修繕工事を管理会社に発注することほど愚かなことはない。それは管理組合がよほどマヌケなのか、それとも理事長が管理会社と癒着しているかのどちらかだ。

最近のマンションでは、分譲時から長期修繕計画が定められているケースがほとんどだ。無気力な管理組合は、それをそのまま実行しようとする。そういった長期修繕計画こそ、管理会社にとっての長期収益計画になっているケースが多い。

そもそも、分譲時の長期修繕計画は、管理会社に都合よく策定されている。だから、そのまま実行するということは、管理会社にとって予定通りの収益をもたらすことになるのだ。こうなってしまってはいけない。管理組合は管理会社と利益相反であることをつねに認識し、ある程度の緊張感を持って付き合っていくべきだろう。

しかし、管理会社は上手に使えば役に立つし、理事会の負担を軽減してくれる。基本的に、管理会社に任せられることはすべて任せるべきだろう。そして、管理会社がおこなう管理業務をしっかりと管理する。それが管理組合の重要な役割なのだ。

数百戸規模のある管理組合では、総会などで配布する議案書などをプリントするコピー機を購入したという。自分たちでそれを使って、必要な書類をプリントして製本すれば、管理会社に払っているその分の業務委託料を節約できる、と考えたらしい。なんとも愚かしいことだ。

それは管理会社でもできることである。というか、一〇〇%管理会社にやらせる仕事だ。理事のひとりが、日がな一日コピー機のそばに張り付いて大量の書類がプリントされるのを眺め、出来上がったら製本するのだろう。理事に求められている仕事は、そういう社会人一年生でもできる類いのものではない。もう少し高度なものだ。

管理会社が請け負った仕事をしっかりこなしているか。あるいは、委託している内容に不要なものはないか。必要なことが欠けていないか。そして支払っている業務委託料の金額は適正か。そういうことを見極めて、不都合があれば是正していくのが理事の仕事だ。

ただ、そういうことはマンションの管理に対して、ある程度深い知識や経験が必要だ。

そのために、必要に応じてコンサルタントを入れるべきだ。注意しなければならないのは、マンションの管理コンサルタントというのは玉石混交。それも石だらけのなかに、数少ない玉が転がっている感じだ。また、ただの石ならば無害なのだが、銭ゲバ的に自身への利益誘導を図る輩も多い。いわゆる悪質コンサルタントだ。宣伝文句に騙《だま》されずに、良心的なコンサルタントを見つけ出すことが求められる。それも理事の仕事だ。コピー機の隣で紙詰まりが起こらないか見張っていることが理事の仕事ではない。

管理組合で承認欲求を満たそうとする困った人々

管理組合というのは、管理費や修繕積立金の管理と予算執行という利権を備えた団体である。その利権を実質的に握っているのは、理事長だ。だから、出入りの業者である管理会社は、理事長を籠絡して、自分たちの言うがままになるような人間にしようとする。あるいは、理事長ではなくても、理事会を仕切っているボス的な存在の人物を懐柔する。

そのために、飲食の接待などはあたりまえである。個人的なことにさえ、便宜を図ろうとする。理事長の関係する会社へ受託業務の一部を発注して、最終的に理事長の懐にお金が流れ込むようなことも、この世界では平気でおこなわれている。

こんな話がある。

マンションの管理組合の現役理事長や理事長経験者で作る仲良しグループが、どこかのマンションのパーティールームで懇親会を開くと、必ず会費の数倍はするであろう豪華な料理とお酒が並んでいるという。そのグループのリーダーが、自分のマンションの管理会社からお金を出させているらしい。それが証拠に、その懇親会には毎回その管理会社の顔役的な人物が出席しているという。典型的な馴《な》れ合いである。なんとも醜悪な関係だ。

何年も連続で理事長を務めていなくても、つねに理事会の内外に自分を置きながら実質的に理事会を支配しているボス的な人物が存在している管理組合は多い。先に紹介したような悪徳理事長たちは、管理組合のお金が最終的に自分の懐に還流する仕組みを作り、それを長年にわたって実行していた。

しかし、世の中には、ただ威張りたいだけでそういうポジションを得たがるタイプの人間もいる。あるいは、ボスにはなれなくてもご意見番的な存在として、つねにまわりから一目置かれている存在でありたいと思うようなタイプもだ。こういう輩も厄介だ。

心理学用語で言う承認欲求という行動様式だ。自分の存在に対するリスペクトを求めてくるのである。まあ、大人の中二病のようなものではないだろうか。

私の見るかぎり、定年退職で時間を持て余す元管理職の男性が多い。あるいは、現役のサラリーマンだが、会社で思うようなポジションが得られないので、管理組合の健全ななかで上昇志向のカタルシスを得ようとしているタイプ。どちらも管理組合の健全な運営には、マイナスに働いている場合が多い。

理事会が腐敗する最大の原因

私は理事会というものはドライに運営されるのがいちばんだと思っている。腐敗はつねに馴れ合いから起こるのだ。

たとえば、理事同士の飲み会などは厳に慎むべきである。ましてや、その費用を管理組合の予算で賄うなど、もっての外である。理事会をやっていくうちに個人的に親しくなれば、あくまでも個人として付き合えばいいだけのことである。

また、各理事の業務負担は平等にすべきである。誰かに偏ったりすると、その誰かが威張り始めたりする。あるいは、他の理事も「○○さんにはよくやってもらっている」という負い目が生まれる。こういうことが重なると、やがてその人物が増長してボス的に振る舞い始めたりするのだ。

理事の報酬は無償とすべきである。理由は、理事会が利権を操作している集団であるという臭《にお》いを発生させないためである。仮に報酬を出すとしても、最低賃金レベルに留めるべきである。

後でも述べるが、監事は外部から招へいするのがベスト。第三者的な立場から、厳しく監査してもらうべきだ。これは悪徳理事長の出現を防止するためには、もっとも効果的だ。

理事会が健全に機能していれば、管理組合の運営も円滑におこなわれる。しかし、理事会が機能していなかったり、ボス的な人物が幅を利かせていたりする場合、そのマンションに危機が訪れたときに、廃墟化の危険が高まることになる。

第六章　なぜマンションは建て替えられないのか

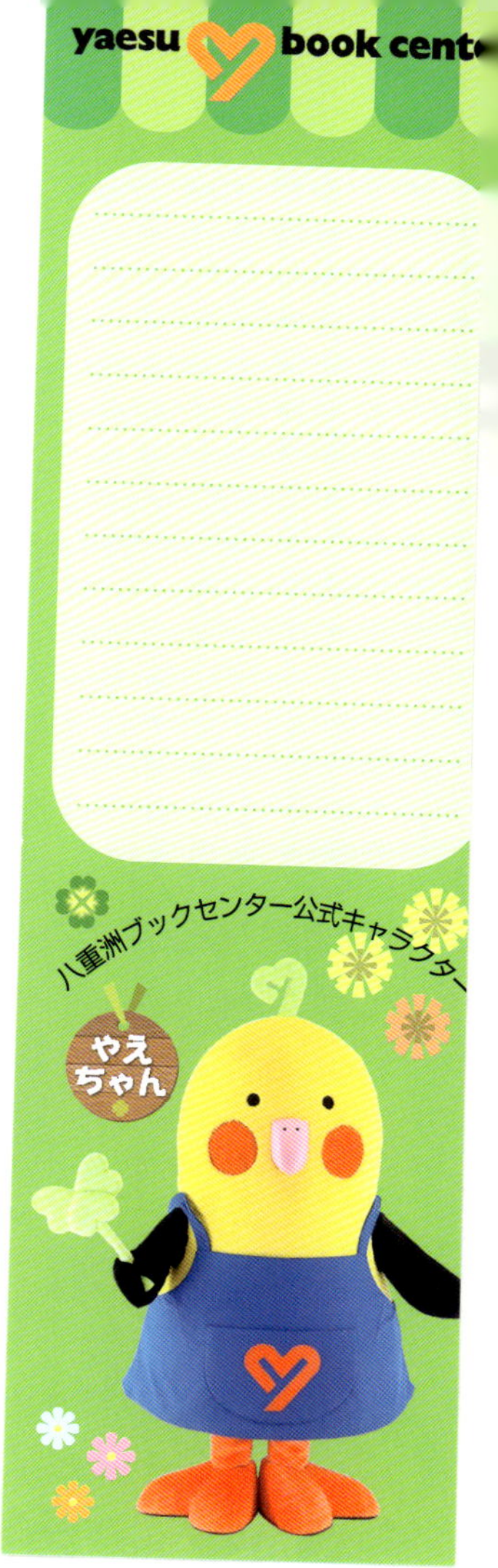

廃墟化の第一ステップは「資産価値喪失」

私は分譲マンションの廃墟は、ふたつの重要なステップを踏んで進行すると考えている。

最初に、そのマンションの「資産価値喪失」が起こる。そのマンションの資産価値がおおよそ五〇〇万円未満になることを、ここでは「資産価値喪失」とする。

こうなると、そのマンション自体の存在意義が問われていくので、管理組合のモチベーションが著しく低下する。

詳しく説明しよう。

資産価値が五〇〇万円を切ると、区分所有者たちがそのマンションを所有していること自体に関心が薄れる。特に、非居住者にとってはそうなる。賃貸に出していて、賃料収入が得られていれば別だが、空室になっている場合は、なおさら関心が薄れる。やがて、管理費等を滞納するようになる。

管理費や修繕積立金を滞納されると、管理組合には入ってくるべきお金が入ってこなくなる。それでは困るので、支払いの督促をかける。督促業務は、通常管理会社がおこなうが、督促している主体はあくまでも管理組合だ。

督促しても支払われない場合、その住戸の競売を申し立てることになる。このときに、競売の諸費用や弁護士報酬などを差し引いても、滞納している管理費等をほぼ全額回収できるギリギリのラインが五〇〇万円なのである。

もちろん、この五〇〇万円は、滞納額の多寡によって変動する。滞納額が一〇〇万円程度なら、三〇〇万円で競落されれば元が取れるはずだ。ただ、滞納額が一〇〇万円であっても競落を申し立てるには、初期費用を百数十万円ほど用意しなければならない。これはあまり現実的ではない。

また、競売を申し立てる場合、申立人は個人か法人でなければならない。その管理組合が法人化していない場合、理事長の名前で申し立てをおこなうことになる。競売といえども、裁判の一種である。その当事者になるのを嫌がる理事長も多い。

このように、資産価値が失われることで管理費等の滞納が増えると、管理組合は督促に追われ、あるいは複数の競売案件を抱えることになる。その場合には、管理組合の事務能力が問われる。

あまりやる気のない管理組合だと、滞納を放置するケースが多い。すると、必要な収入が得られなくなる。入ってこないのだから、支払うほうも滞る。

最近、マンションの管理業界は売り手市場だ。長引く人手不足によって、管理人が集まらないのだ。だから、管理会社は業務を委託してくる管理組合に厳しい目を向けている。問題のある受託先は遠慮なく契約を解除される。

支払われるべき業務受託料が払われなかったり、理不尽な減額を要請されたりすると、管理会社は即座に「業務受託契約解除通知」を送りつけてくる。この場合、その解除日を過ぎると管理会社からは誰も来なくなる。

廃墟化の第二ステップは「管理不能」

管理費が徴収できずに、必要な管理業務や保全がおこなえなくなる状態が「管理不能」である。こうなったマンションは、ほぼ確実に廃墟化する。

たとえば、エレベーターは定期点検をしなければ作動できない。受水槽は定期的に清掃しなければ水道の水が濁る。ヘンな臭いも出てくる。清掃する人がいなくなった共用部分は薄汚れていく。自転車置き場は乱雑なまま放置される。掲示板には古いお知らせがずっと残ったままになっている。マンションのなかで、どこかに不具合が発生しても補修できなくなる。マンション全体がなんともみすぼらしくなっていく。

そのうち、住む人が少なくなっていく。住みにくくなるからだ。するとますます管理不能状態は進む。やがて、誰も住まないマンションになってしまう。これこそが廃墟化だ。

廃墟化すると、ホームレスが住みつく可能性もある。何かの犯罪に利用されることもありえる。野犬などが住処にすることも考えられる。あるいは、建物の崩壊や、その一部が剝落して地上に落下することで、敷地外に被害が及ぶかもしれない。そういった場合の法的責任も、管理組合にある。管理組合が機能していなければ、一人ひとりの区分所有者が責任を負うことになる。

たとえ廃墟になったマンションだとしても、区分所有権は法的に存在する。だから、これを行政機関なりが取り壊そうとしても複雑な手続きが必要だ。また、うまく更地にできたとしても、それをまとめて誰かが買い取ることはできない。もとの区分所有者が、それぞれ有していた床面積割合で敷地の所有権を有しているからだ。区分所有者全員の同意がなければ、その敷地の所有権は動かせない。

今の区分所有法では、そのまま放置するしかないのが現状だ。

こういった廃墟化への進行を留まらせるのは、一にも二にも管理組合の手腕である。管理組合さえしっかりしていれば、廃墟化を防ぐことができる。その好例を湯沢町のリゾートマンション群に見ることができる。

すでに湯沢町のリゾートマンション群は、「資産価値喪失」という廃墟化への第一のステップには十分に達している。だが、あのリゾートマンション群の管理組合の多くは、次のステップである「管理不能」という状態に陥ることに対して、頑強に抵抗している。

たとえば、競落額が三〇〇万円未満であっても、果敢に競売を申し立てている。その住戸の滞納分を回収できなくても、おかしな人に競落されて、再び滞納が発生するのを防いでいるのだ。管理組合が自ら競落したあとは、管理費等を払ってくれる人に売却しているとか。その一連の動きは、そんなに簡単なことではないかもしれない。しかし、放置するよりも何十倍もマシな結果になると思える。

それは結局、お金の問題であった

マンションという鉄筋コンクリートでできた構造体を維持するには、じつのところけっこうな手間ひまとお金がかかる。そのお金は誰が出しているのかと言えば、区分所有者だ。彼らが払っている管理費と修繕積立金が、そういう費用に充てられている。

そのお金が、日常の管理業務をおこなっている管理会社に支払われる。あるいは修繕工事をする建設会社等に支払われる。

もし、そのお金が足りなくなったらどうなるのか？

それは「管理不能」の項で述べたとおり、廃墟化への大きなステップとなる。結局のところ、廃墟化に進むかどうかという問題は、区分所有者にきちんとお金を払ってもらえるか否かにかかっていると言っていい。

都心のマンションも安心できない

この点、資産価値が五〇〇万円未満にはなることはまず考えられない都心エリアのマンションでは「資産価値喪失」は起こらない。だから安心してもよいのだろうか。あるいは、数千万円以上の価値を持つマンションの区分所有者は、所有への意欲を失わないので、管理費の滞納などは起こり得ないと考えてもいいのか。

私は少子高齢化している日本社会の現状を考えれば、都心立地にあるといえども必ずしも安心できないと考える。

今は問題なくとも、この先、永遠に払ってくれるかどうかはわからないのだ。

たとえば、高齢の区分所有者がマンション内で孤独死したとする。相続人を探したが、見つからなかった場合、その住戸の管理費と修繕積立金は誰が払うのか？

マンションが老朽化すると、そこに居住する区分所有者も高齢化しているケースが多い。高齢化すると、収入も細くなる。払いたくても払えない状況に追い込まれる区分所有者も出てくるはずだ。

マンションは、老朽化するほど管理費や修繕積立金の滞納が多くなると言われている。都心のマンションといえども、老朽化が進めば管理費等を滞納する、あるいは滞納せざるを得ない区分所有者は増えてくるはずだ。

そういった場合、大きな問題となる前に、早めの対策を講じるのは管理組合の役割。しかし、現行の区分所有法では迅速な対応を不可能にしている面が多い。

建て替えは全国で二七四例のみ

まず、二〇一七年末時点で日本には約六四四万戸の分譲マンションのストックがある。そして、二〇一八年四月時点で建て替えられたマンションは、計画中の物件まで含めても二七四件しかない。二〇一七年末時点で築四〇年超のマンションは全国に七二・九万戸ある。右記はいずれも、国土交通省が発表している統計データだ。

二〇一七年の四〇年前と言えば、一九七八年。それ以前は、大規模マンションはかなり少なかったので、平均で一棟五〇戸と考えると一万四五八〇棟。このうち二七四棟の占める割合は一・八％ということになる。二七四棟がすべて築四〇年以上とはかぎらないので、この数字が絶対に正しいというわけではない。ただ、理論的に一・八

○築40年超のマンションは現在72.9万戸であり、ストック総数に占める割合は約1割。
○10年後には約2.5倍の184.9万戸、20年後には約5倍の351.9万戸となる見込み。

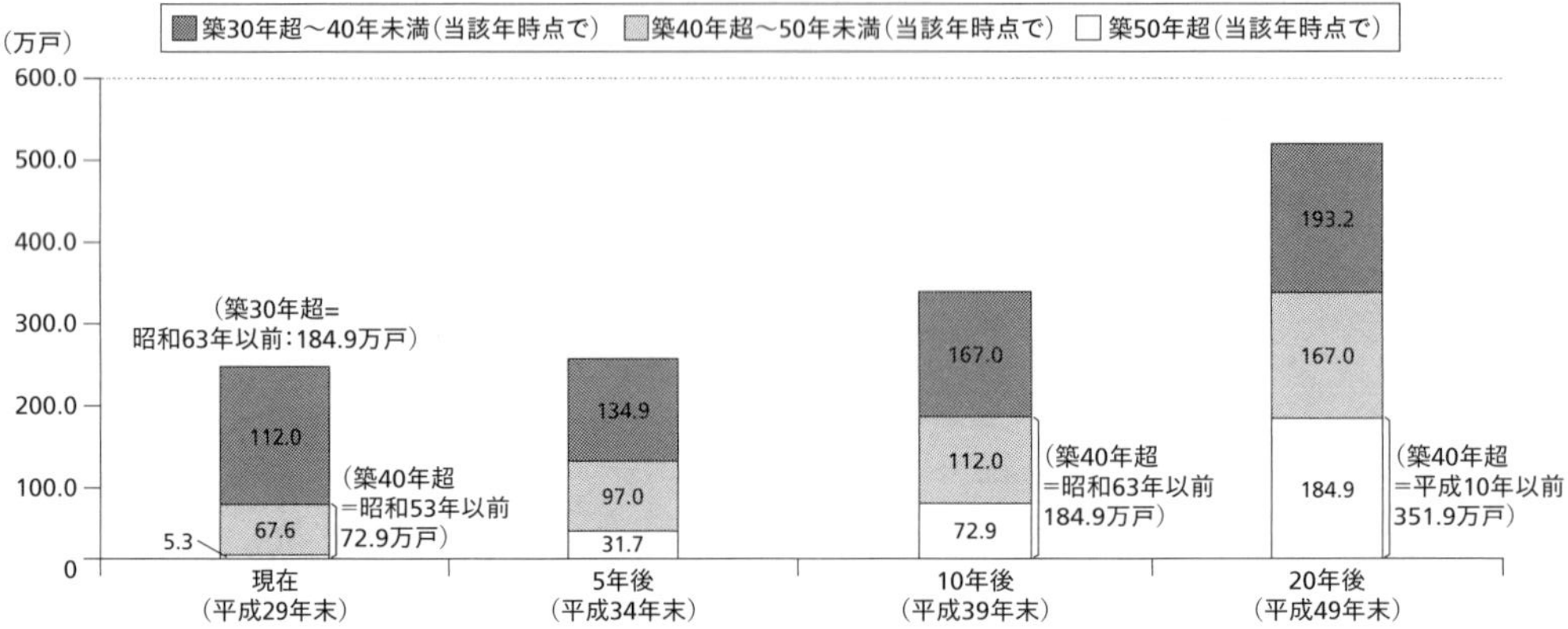

図表6　築後30、40、50年超の分譲マンション戸数（平成29年末現在）
※現在の築50年超の分譲マンションの戸数は、国土交通省が把握している築50年超の公団・公社住宅の戸数を基に推計した戸数。
※5年後、10年後、20年後に築30、40、50年超となるマンションの戸数は、建築着工統計等を基に推計した平成29年末のストック分布を基に、10年後、20年後に築30、40、50年を超える戸数を推計したもの。
出典：国土交通省「マンションに関する統計・データ等」

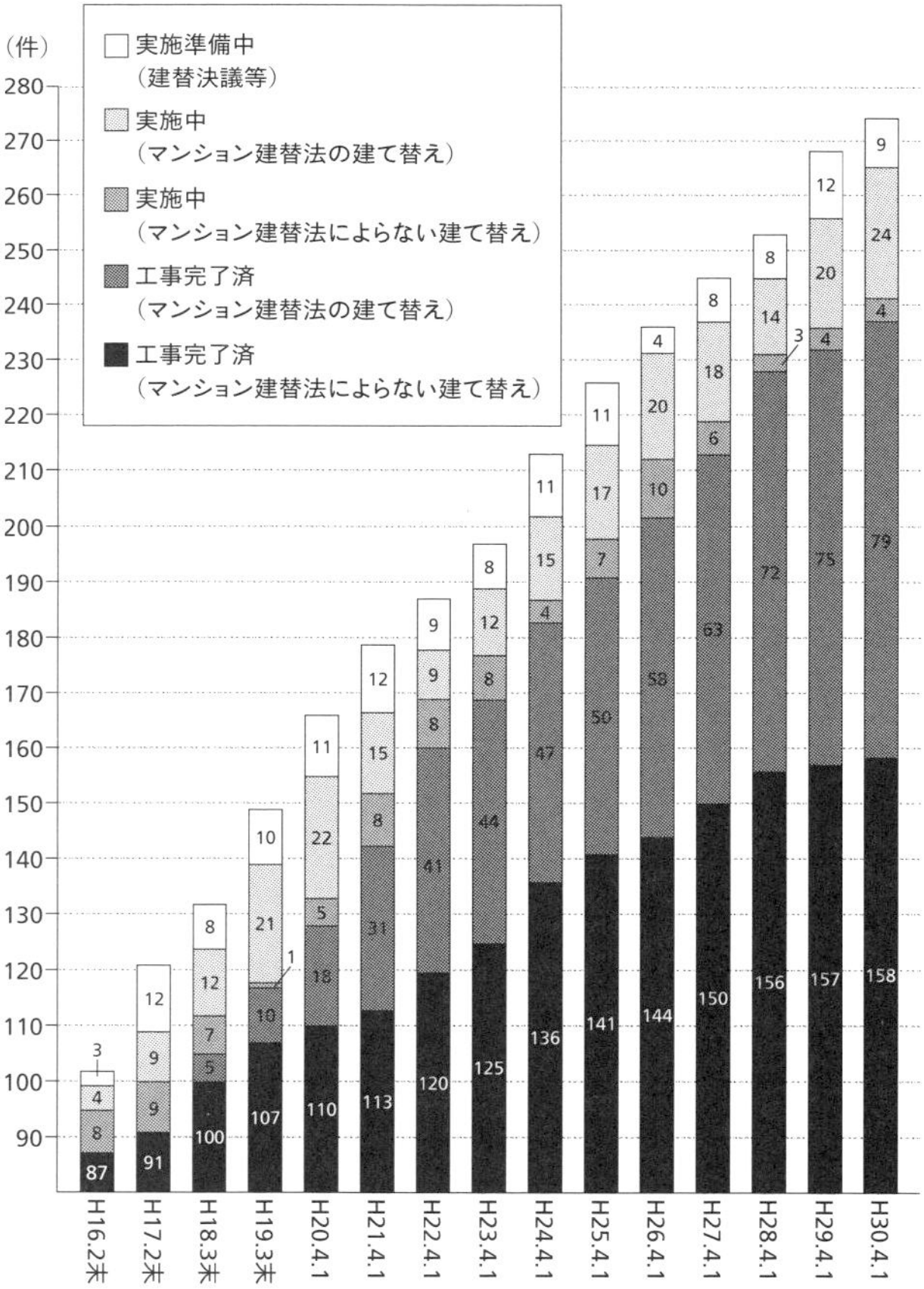

図表7　マンション建て替えの実施状況(平成30年4月1日現在)
※国土交通省調査による建て替え実績及び地方公共団体に対する建て替えの相談等の件数を集計。
※阪神・淡路大震災による被災マンションの建て替え(計109件)は、マンション建替法による建て替え(1件)を除き含まない。
※過年度の実績は今回の調査により新たに判明した件数も含む。
出典:国土交通省「マンションに関する統計・データ等」

%より増えることはないはずだ。

結論を先に言えば、ほとんどの老朽マンションは建て替えられない。これが現実だ。

なぜ、建て替えられないのか

ほとんどの老朽マンションが建て替えられない理由を、順番に説明しよう。

まず、建て替えられない理由は圧倒的に経済的な問題である。

前出の二七四件の詳しい中身に関するデータはない。しかし、その中身はだいたい想像がつく。まず、その大半は、建て替え前の区分所有者の負担金がゼロのケースだろう。つまり、元の所有者は建て替えに関しては一円も払わずに、建て替え後の新しいマンションのなかに、元の住戸と同等程度の広さの新住戸を確保できたのだ。なぜそういうことが可能なのか？

建て替えが実現するマンションのほとんどは、容積率に余剰分があった場合だ。容積率とは土地の広さに対して建築できる建物の床面積の割合。これは地域によって定められている。一〇〇〇㎡の土地の容積率が四〇〇%だったら、その土地には延床にして四〇〇〇㎡までの建物が建てられる。

仮に、一〇〇〇㎡の土地に立っている老朽マンションの床面積が二〇〇〇㎡で、その土地の容積率が四〇〇%なら、建て替えたマンションは床面積を四〇〇〇㎡まで増やせる。増やした二〇〇〇㎡分の床面積は、新たな住戸として販売する。そこで得たお金で、元の区分所有者たちの住戸の建築費を全額充当してしまうのである。そうすると、元の区分所有者の負担はゼロになる。

さらに、増えた二〇〇〇㎡分の売却代金で、建て替え事業の主体となったデベロッパーの利益まで出る仕組みだ。こういう条件をすべて満たした老朽マンションでは、建て替えがわりあいスムーズに進む。二七四棟のケースの大半が、右記のようなスキームのもとに実現したのだと推測する。

仮に「一住戸の負担が一〇〇〇万円なら建て替えできる」という老朽マンションがあったとしよう。その物件が東京都港区にあって、五〇戸くらいの規模なら、なんとか実現するかもしれない。なぜなら、そういった場合は「新しい住戸には入居しない（もしくは区分所有権を欲しくない）」という方がいても、一住戸あたり三〇〇〇万円とか五〇〇〇万円でデベロッパーが買い取ってくれるからだ。

「だったら売って出ていく」

そういう人を含めて、五〇戸すべての区分所有者が同意できる可能性がある。しかし、これが一〇〇戸になると、「何がなんでも反対」とか「自分は死ぬまでここで暮らす」なんて区分所有者が何人か出てくるかもしれない。たいていは高齢者。老朽マンションの区分所有者は、高齢者の占める割合が高い。

そうなると、区分所有者全員の合意が形成できなくなってしまう。全員が合意しないと、手続きがスムーズに進まなくなる。

法的には全体の五分の四以上の区分所有者が賛成すれば、計画自体を前へ進めることはできる。ただし、全員が合意した場合と比較して、手続きはかなり煩雑になる。だから、デベロッパーもやりたがらない。その結果、建て替え自体がとん挫することもある。

建て替えをしたい老朽マンションの容積率が余っていない場合、建て替えのための取り壊しや再建築の費用はすべて区分所有者の負担となる。

現状、マンション一戸当たりの建築費は二〇〇〇万円を超える。三〇戸程度の小さなマンションなら二五〇〇万円かそれ以上になる可能性も高い。それが全額区分所有者の負担となる。加えて、建て替え期間中の二年前後の仮住まいにかかる費用も、区分所有者負担。普通に考えて数百万円はかかるはずだ。

さらに、容積率が元のマンションの床面積と同率であればいいが、場所によってはオーバーしている場合がある。その老朽マンションが建設されたころと比べて、規制が強まっているかもしれない。その場合はいわゆる「既存不適格」となる。こういう建物を再建築する場合、新しい規制を守らなければならない。

たとえば、前述したように、一〇〇〇㎡の土地の場合、老朽マンションができた時は四〇〇%の容積率だったのに、現状では三〇〇%に規制が強められていたらどうなるのか。その老朽マンションが四〇〇%ギリギリまで容積率を消化した状態にあったとすれば、建て替えたあとは三〇〇%を守らなければならないので、床面積は元の広さの七五%になってしまう。

――二五〇〇万円払って、元の住まいよりも狭くなる。

こういう条件をすんなり飲める人は少ないはずだ。ましてや、全区分所有者の五分の四が、そういう条件を飲める老朽マンションがあるとは思えない。

老朽マンションに出口戦略はない

このように、現状の区分所有法やその他の建て替え関係の諸法、そして行政が課してくるその地域の建築規制を遵守しているかぎり、この国で絶え間なく増殖している老朽マンションを建て替えることは、一部の幸運な例外を除いてほとんどない、のである。

では、いったいどうすればいいのか？

ハッキリ言って答えはない。今のところ言えることは、

――管理組合はしっかりと建物のメンテナンスをしましょう。

これに尽きるわけである。

そのためには、管理組合の活動を活発にして、区分所有者たちの意識を高めましょ

う。イベントなどを開催して、区分所有者同士の交流を深めましょう。マンション内のコミュニティ活動を活発化させましょう。理事会では理事同士の交流を深めるために親睦会を開催しましょう。

はたまた、理事会には建物保全を専門とする分科会を作りましょう。その分科会には、区分所有者のなかから建築の専門家を募って参加してもらいましょう。大規模修繕工事は、実施の三年前から検討委員会を作って協議しましょう。補修工事を発注する場合は、必ず相見積もりを取りましょう。必要とあれば、大規模修繕コンサルタントに依頼しましょう……等々。

以上のようなことは、マンション管理に関するさまざまな記事や書物に出てくる内容である。どれもこれも、ありきたりな内容ばかり。

ハッキリ言って、これらすべてはキレイゴトである。そういうことをすべてやっても、マンションの老朽化は止められない。ましてや、区分所有者の高齢化も止められない。

すべてのマンションは老朽化する。そして最後には取り壊すか、建て直すしかない。

その冷徹な事実から目を逸らして、目先の些事《さじ》にかまけることに、なんの意味があるというのか。

日本の分譲マンションには、きれいな入り口がある。新築マンションの売り出しと、購入者の入居。分譲マンションにとって、このふたつのイベントがもっとも華やかな瞬間である。まさに、一瞬の頂点。

それが過ぎると、あとは数十年後か一〇〇年後、あるいは百数十年後にやってくる「終わり」に向けて、日々進んでいくわけである。

そして、この国には分譲マンションの「終わり」を想定した出口戦略がほとんどない。わずかにあるそれは、まったくの出来損ないか、もしくは未完成品である。

すべての分譲マンションの区分所有者が今考え、さらに立ち向かわねばならないのは、管理組合のなかで「みんな仲良くしましょう」という目先のイベントを企画することではない。

分譲マンションという、制度的には未完成とも言える日本の住居形態は、必ずや

「終わり」のときを迎えることを正しく認識し、その終末期に向けてどのような道筋をつけるか、ということである。

今はまだハードランディングである廃墟化しか見えていない。そこで、ここからはもっとなめらかに終末へといざなえるソフトランディングについて考えてみたい。

第七章　穴だらけの区分所有法

抜け穴がいっぱい

すべての分譲マンションは、いずれ廃墟になるか、取り壊すことになる。一部の幸運な物件だけが建て替えられる。

ほとんどのマンションで建て替えることができない理由はさまざまにあるが、そのうちの大きなものは区分所有法にある、と私は考える。現行の区分所有法ができたのは一九六二年。その後、何回かこまやかな改正はなされたが、基本的なところは変わっていない。

その背景には、ふたつの基本原則があると私は考える。

①私有財産権の保護
②民主主義による運営

区分所有法では、何よりも区分所有者の権利を保護することに熱心だ。区分所有者とはすなわち、マンションの住戸を購入した人。彼らが区分所有する権利を、さまざまな形で保護しようとする意図を感じる。

区分所有法の五七条から六〇条は、区分所有者の権利を停止、剝奪する規定を定めている。ハッキリ申し上げて、よほどのことがないと、区分所有者の権利を剝奪することはできない。管理費や固定資産税を払っているかぎり、少々のことでは区分所有者に対して「出ていけ」とか「所有権を剝奪する」ということを法的に強制するのは、ほぼ不可能なのだ。


次に、区分所有法においては、管理組合の運営を徹頭徹尾、民主主義の原則に委ねようとしている。つまりは多数決だ。

そのこと自体は悪いことではないと思う。むしろそうあるべきだろう。

管理組合の運営上、もっとも重要なのは「集会」である。つまりは管理組合の総会。総会では通常、まず前年度決算と今年度予算の承認が求められる。そして、その時々の議案について説明がおこなわれ、議決が取られる。議案のなかには、理事の選任も含まれている。ほとんどの管理組合では、理事が毎年変わる。多いのは、任期を二年として一年で半数が交代、というシステムだ。

悪徳理事長が跋扈《ばっこ》するような管理組合の管理規約には、「理事の選任については立候補を妨げない」的な条項が盛り込まれている。さらに、ほとんどのマンションの管理規約がひな型としている国土交通省の標準管理規約には「再任を妨げない」という規定もある。これらを適用すれば、特定の人物が半永久的に理事として、あるいは理事長として居座り続けることが可能なのだ。

管理組合の総会において、理事会側が出した「普通決議」の必要な議案を否決されることはほとんどない。普通決議とは、出席あるいは委任状や議決権行使書が提出されているなかで、過半数の賛成が必要な決議である。「出席過半数」と呼ぶ場合もある。

全区分所有者の四分の三の賛成が必要な決議を、「特別決議」と呼ぶ。特別決議が必要な議案は、「管理規約の変更」と「共用部分の用途変更」、そして、「管理組合の法人化」だ。特別決議はハードルが高いので、しばしば可決されない（否決）ケースを見かける。

管理組合の運営がスムーズになされているかどうかは、特別決議がスムーズに可決されているかどうかがひとつの目安になる。

しかし、悪徳理事長が跋扈している管理組合でも、この特別決議は難なく可決されているケースが多い。どういうことなのか。

悪徳理事長を跋扈させているザル法

私がコンサルティングをしていた管理組合でのケースをご紹介しよう。

その組合では、悪徳理事長が管理規約を好き勝手に変更して、自分への露骨な利益誘導を図っていた。たとえば、駐車場の使用料に身障者割引を盛り込ませる。理事長自身が最低級の身障者手帳を持っていたのだ。あるいは、理事長の住戸の玄関前に設けられていたアルコーブに、門扉を設置させて専用使用権を設定させた。

こういったことには管理組合の特別決議が必要である。総会を開いて決議を取ると、なんと約八五％もの賛成を得て規約改正案が可決されている。私は、そこに大いなる疑問を感じた。なぜなら、私たちが把握している反理事長派だけでも、全区分所有者の十数％に達しているのである。

――議決権行使書と議長一任の委任状を開示してください。

反理事長派は私的に依頼した弁護士名で、理事長に開示を申し入れた。

すると、悪徳理事長は、直ちに組合の費用で別の弁護士事務所と顧問契約を締結。

その弁護士事務所の弁護士名で回答してきた。

――区分所有法及び当該マンションの管理規約にはそのような規定はないので開示できない。

つまり、悪徳理事長が委任状や議決権行使書を偽造していたとしても、それは誰にも暴けないのである。これは、そのマンションだけで起こり得たことではない。管理規約に、「決議で行使された委任状や議決権行使書は、区分所有者の請求があった場合には閲覧させなければならない」といった項目がないすべての管理組合で起こり得ることなのだ。

そういった条項を盛り込んでいる管理規約を、私は見たことがない。もちろん、国土交通省が公開している標準管理規約にもそのような条項はない。

ご理解いただけただろうか。区分所有法では民主主義の原則を厳格に適用しているように見えて、じつのところは、とんでもないザル法になっているのである。

性悪説で見直すべき

そもそも、現行の区分所有法は、委任状や議決権行使書を偽造してまで自分に有利な決議を可決させようと企むような悪徳理事長の登場を想定していない。

——区分所有者が自宅マンションの資産価値を阻害する行為などおこなうはずがない。

区分所有法を読んでいると、私にはこの法律の起草者がそう考えていたとしか思えなくなってしまう。

一九六二年といえば、日本がようやく敗戦後の混乱を収拾して高度成長へ向かうころである。今とちがって明るい未来に向かって、誰も彼もが夢を追いかけていた時代ではなかったろうか。前回の東京五輪の開催二年前である。

五七年後の現代、時代背景は大きく異なっている。

同時に、マンションという集合住宅も大きく変わった。

区分所有法が策定されたころは、マンションの管理費や修繕積立金を横領したり、そのお金を自分の懐に還流させて生活の糧にしたりするような悪徳理事長の登場は、まったく予見できなかったのではなかろうか。

また、マンションの規模が数百戸から数千戸単位に膨張することも想像できなかったのだろう。数百戸あるいは数千戸のマンションで管理組合に集まって積み上げられる管理費や修繕積立金の総額は、時に数十億円にも達する。明らかな利権である。

その利権を、現行の区分所有法では、ほぼ理事長ひとりが独占的に扱える仕組みになっている。もちろん、それには理事会で、自分の息のかかった理事が過半数を占めるようにさまざまな工作をしなければならないが、それはさほど難しいことではない。

現行の区分所有法では、理事の選任について、管理組合法人についての規定はあるが、法人ではない管理組合の場合には、特になんの定めもない。ほとんどの管理組合が管理規約のひな型にしている国土交通省の標準管理規約には「理事及び監事は、組合員のうちから、総会で選任する（三五条二）」とあるだけだ。つまり、理事長が自分の意のままになる人物を指名して新理事選任の議案を作り、総会で決議すればよいのである。

現行の区分所有法は、管理者（理事長のこと）の選任についての規定がほぼない。二五条一項に「区分所有者は（中略）集会の決議によって、管理者を選任し、又は解任」できる、とあるだけである。

このあたり、もっと詳しい規定を設けるべきだ。区分所有法の基本は、日本国憲法が定める民主主義なのだから、「区分所有者の選挙によって」というように書き改めるべきであるし、任期も定めるべきである。もちろん、再選の制限も設けたほうがいいだろう。

そして、理事長や理事の選任については、区分所有法で細かなところまで厳しく規定して、各組合がそれぞれ定めている管理規約による自由な裁量幅は極力制限すべきだ。

そもそも、現行の区分所有法は民主主義を意識しすぎるあまり、法律よりも各管理組合が定めるローカルルールである管理規約を優先しがちである。区分所有法を読んでいると、「規約で別段の定めをすることを妨げない」、「規約でその過半数まで減ずることができる」、「規約に別段の定めがない限り」、「規約で伸縮することができる」といった言い回しが多すぎる。

悪徳理事長たちの所業を見ていると、総会において自分に集まった委任状などを使って管理規約を都合のいいように変更しているケースがほとんどだ。なかには、委任状などを偽造していると疑わしいケースまであった。

今やマンションの管理組合は利権となり、悪意の人物が私腹を肥やすことが常態化している組織なのである。呑気に「自分たちのマンションの資産価値を毀損するようなことをする人はいないだろう」と構えている場合ではないのだ。

管理組合運営はかぎりなく透明化すべき

別の章で、悪徳理事長の所業をいくつか紹介した。彼らのやっていることを仮に犯罪だと考えると、そのレベルはかなり低い。明らかに疑われやすい横領や背任である。あるいは私文書偽造。

しかし、今の法制度ではよほどの動かぬ証拠でも掴《つか》まなければ、彼らの犯罪を立証することは不可能だ。そして、区分所有法はその条文にある「管理者」（理事長のこと）が個人の利益のために管理組合の財産を横領することなど、ほとんど想定していない。

区分所有法の二五条二項の「管理者に不正な行為その他その職務をおこなうに適しない事情があるときは、各区分所有者は、その解任を裁判所に請求」できるとあるが、これは、理事長が犯罪に手を染めるなど、明解な違法行為が証明できる場合であって、本書に登場させている悪徳理事長レベルでもすんなり潜り抜けられる。つまり、使えない条文だ。

二五条一項にしたがって、全区分所有者の五分の一の同意を得て理事長解任を議案とする臨時総会を開いても、悪徳理事長本人が堂々と議長になって、委任状を使って否決できるのが、今の区分所有法なのだ。これでは抜け穴だらけではないか。

それもこれも、区分所有法そのものが悪意を持って私欲を図る管理者（理事長）の出現をまったく想定していないことから起こっている悲劇である。

分譲マンションの管理組合が、小さな自治体のようなものであることは別の項目で述べた。地方自治法などでは、時には首長も悪事を働くことを想定し、解職（リコール）の制度が定められている。時々、その制度に従って解職される首長がいる。

地方自治体の首長というものは「時に悪事を働くかもしれない」ということを想定して、行政を透明化する情報公開制度が定められている。そして、必要とあれば解職できる手続きが定められているのだ。

マンションの理事長についても同様に考えるべきだ。まずもって、管理組合の運営は区分所有者に対してかぎりなく透明化すべきだ。そして、不正が見つかったときにはスムーズに解職できるように現行の規定を改正すべきではないか。

理事長解任の議案で理事長が議長になるべきではない

これはもう、誰がどう考えてもあたりまえのことである。

先に紹介した理事長が自分の解任に関する臨時総会の議案を、自ら議長になって「議長一任」の委任状を行使して否決したとき、理事長側の顧問弁護士が出てきて出席者に説明したという。

「区分所有法にも、このマンションの管理規約にも、理事長解任の議案を採決する場合、理事長が議長を務めることを規制する条文も条項もありません。したがって、この議決は法的に有効です」

　まあそのとおり。こちらもそのことはわかっていた。また、厚顔無恥なあの理事長がそうするであろうことも予想できた。しかし堂々とそれをやられてしまうのを目にすると、「世の中はこういう理不尽なことがまかり通るのだなあ」と、妙に感心してしまった。

　区分所有法を改める場合、まず理事長解任の要件とその手続きを明解に定めるべきであろう。最低限、「管理者の解任を求める議案については管理者以外の理事が議長を務める。議長となる理事は……」という条項を追加すればよいと思う。

増え続ける外国人対策も必須

東京の都心では、今や区分所有者の一定数は外国人になっている。湾岸エリアの夕ワーマンションでは、特に東アジア系の外国人の比率が高くなっている。近未来には、区分所有者の過半数が日本語よりも北京語が堪能、という物件も出現すると予想される。そういう場合には、「総会での使用言語は北京語」ということになるかもしれない。それどころか、「管理規約は北京語で作成」というのもありうる。

現行の区分所有法には、「管理規約には日本語を使用する」などという条項はない。今後、区分所有法を改正する場合には、冗談ではなくこの「日本語条項」をぜひ盛り込むべきであろう。北京語で作成された管理規約のマンションで日本人を巻き込んだ争いが起こった場合、かなり厄介なことになる。訴訟になれば、弁護士も裁判所も困るだろう。

「四分の三」や「五分の四」はハードルが高すぎる

区分所有法が成立したころは、せいぜい五〇戸程度までだったマンションは、今や数千戸規模の物件まで登場している。共用施設も豪華になり、プールや温浴施設のあるマンションも少なくない。屋内プールの維持費は、年間数千万円に達するという。

いずれ使わなくなるのは目に見えているのに、なぜそのようなものを作るのか、私には今ひとつ理解できない。

プールといえども共用施設である。使わなくなったからといって、「集会室に変更」するには特別決議が必要だ。そんなことが議案に出てくるのは、たぶん分譲されてから二〇年以上は先の話だろう。そのときに、すんなりと全区分所有者の四分の三が賛成しなければならない特別決議が可決されるだろうか。

あるいは、全戸数が一〇〇〇戸を超えるようなマンションもめずらしくなくなった。その規模のマンションで、そろそろ築三〇年を迎えようとするケースもある。あと二〇年ほどして「老朽化がひどいので建て替えよう」という動きが出たとする。

しかし、一〇〇〇戸を超えるようなマンションで、話がまとまるとは思えない。仮に「負担金ゼロ」という好条件でも、全区分所有者の賛成を得るのは、ほぼ不可能だろう。仮に九九％の区分所有者が賛成しても、残り一％である一〇戸が反対して法廷闘争に持ち込めば、計画は何年も遅延することになるだろう。

現行の区分所有法は、区分所有者の権利を守ることには熱心だが、引きはがすにはかなり高めのハードルを設置しているからだ。

こういった制限は、最大で「三分の二」あたりにまで緩和すべきではなかろうか。あるいは、数値的に緩和しないのなら、行使されていない議決権は、「賛否双方へ按《あん》分《ぶん》する」、もしくは、「議長一任の委任状を提出したと見做す」というルールを定めてはどうだろう。

日本は個人の財産権を守りすぎる

中国では、日本の新幹線にあたる高速鉄道が、毎年日本の新幹線の総延長距離と同じレベルの規模で新設されているという。途方もない話である。

日本の新幹線は五〇年以上の時間をかけて、やっと今の総延長距離まで延びてきたのだ。その総延長距離分を、あの国では一年で作ってしまうのだ。国も広いし、経済力は豊かだからできることなのか。じつはちがう。

日本で鉄道や道路を敷設する場合、もっとも困難な事柄は、硬い岩盤にトンネルを掘ることでも、長い距離に架橋することでもない。

それは、必要な用地を買収することなのだ。

現在、日本ではリニアモーターカーの建設が進められている。あれとて国有地ばかりを利用するわけではない。私有地の買収もあるはずだ。きっとそこにはさまざまなエピソードが生まれていると想像する。

その昔、千葉県の成田に国際空港を作ることになった。その計画を「寝耳に水」で知らされた地元の農家から囂々《ごうごう》たる反対運動が巻き起こったのは、ある程度理解できる。なんと言っても、事前になんの相談もなかったのだから。

ところがその後、当時盛んだった学生運動とも相まって、過激派グループが結集する一大闘争にまで発展してしまった。「三里塚《さんりづか》闘争」とか「成田闘争」と呼ばれた。

ただ、主役はあくまでも計画エリア内に土地を持つ農民たち。彼らは最初、「ワシの土地は絶対に売らない」とがんばった。

そのうち闘争にも疲れたのか、土地を売る農家が増えて、成田空港は開業にこぎつける。しかし、その闘争の過程ではさまざまな事件が起きる。反対派が立て籠もる砦《とりで》を、機動隊がホースで水を浴びせながら強制撤去する場面が、よくテレビのニュースに流れていた。

私はまだ子どもだったからテレビで見ているだけだったが、あるフランス人がそういったニュースの感想を求められて答えていた場面を思い出す。

そのフランス人は、まずニュースの映像を見せられる。そして、彼は「あれは何をやっているのか」と尋ねる。誰かが説明する。すると、そのフランス人は肩をすくめてこう言う。

「国の空港を作るんだろ。だったらどうして戦車を出して、ああいう反対派を排除しないのだ。フランスだったらとっくに戦車が出てきているよ」

成田空港は東京の都心から遠いので、開港直後はかなり評判が悪かった。

じつは、成田空港と東京駅を結ぶ新幹線の計画があった。東京駅から成田空港への六五㎞の計画。一部では、建設工事も進められていたのだ。九〇〇億円の工事費が投じられたという。一九七四年に着工。一九八六年に断念。

断念した理由は、「沿線住民の反対運動」。つまりは、用地買収が進まなかったのだ。

これに比べて、中国では用地買収で問題が起こることはほとんどない。それこそ、住民がゴネれば「戦車を出せばいい」というお国柄だ。日本ではたった六五kmの新幹線も、用地買収で断念せざるを得ないが、中国では約三〇〇〇kmの高速鉄道を毎年建設してしまう。このちがいは、ひとえに用地買収の困難さのちがいだ。

先にあげた成田空港のケースでもおわかりのように、日本は世界でいちばん、と言っていいほど私有財産権を尊重する国である。なんと言っても世界の民主主義の先駆けとも言うべき、フランス人が驚くほどなのだから。

そのフランスでは、一八〇四年というから、ナポレオンのころより、今の日本の区分所有法的な法規が民法典のなかにあったそうだ。パリの街中にある石造りのアパートメントは、築二〇〇年以上の建物がめずらしくない。区分所有の集合住宅と馴染んできた歴史は、おそらく日本の数倍では利かないのではないか。

フランスの老朽化マンションへの対策については、あとで詳しく考察したい。

マンションは公共物である、という発想

建築というのは、人間が作るもののなかでは、もっとも大きな部類の造形作品である、と私は考えている。それは基本的に美しくあらねばならない。

街を歩いていると、それぞれの建物があまりにも好き勝手に作られていることに驚く。

日本の街は概ねそういう状況だが、一部の街では建築造形に厳しい規制がしかれている。よく知られているところでは、京都や鎌倉、金沢や軽井沢といったところだ。そういう街は、街並み自体が大きな観光資源となっている。

私は、個人が郊外の立地で好き勝手な住宅を作る自由はあっていいと思う。しかし、何十、何百という住戸を集合させて作るマンションについては、個人が好き勝手に自宅を作るような自由と同レベルであってはならないと思っている。

マンションのように、何十、何百もの世帯が生活を営む集合住宅は、たとえ所有者が個人であっても、ある程度は公共的な存在であるはずだ。

公共物であるかぎり、私人が好き勝手に扱っていいはずがない。そこでは公共物な

りの常識的なルールを守り、一定の秩序が保たれるべきであろう。

また必要とあれば、行政がある程度介入すべきではないだろうか。特に、廃墟化が迫っているマンションについては、区分所有者だけの力ではどうにもならない場合が多い。そこには当然の如く行政の介入があってしかるべきであると私は考える。

フランスの画期的な対応法

フランスは、区分所有住宅の分野においては、日本の数倍の経験値を有している。区分所有における最初の法律は、前述のように一八〇四年には存在したことが確認されているほどである。

そのフランスにおいても、「荒廃区分所有建物」への対応の仕方が法的に定められている。ここでは、日本の法務省のホームページで公開されている「老朽化した区分所有建物の建替え等に関する諸外国法制等に関する調査研究」（研究代表＝鎌野邦樹早稲田大学教授）をもとに、フランスの「荒廃区分所有建物」に対する法規を紹介してみたい。「荒廃区分所有建物」というのは、日本における管理不能に陥る寸前のマンションと同じ状態にある建物であると解釈する。

まず、管理費や修繕工事の費用を支払わない住戸に対して、管理組合は法定抵当権の設定や動産の先取特権が与えられている。この先取特権は賃借人が支払う賃料にも及ぶのだそうだ。

日本でも管理費等を滞納した住戸の競売を申し立てることができるが、抵当権の設定や動産の先取特権という制度はない。フランスのほうがやや強力かもしれない。

次に、フランスではいよいよ行政が乗り出してくる。荒廃区分所有建物の回復を図るために、行政の長を委員長とする保護計画策定委員会なるものが作られる。この委員会には、管理組合の管理者も含まれる。

その保護計画策定委員会なる組織が、以下のような項目を含む保護計画を定める。

◎区分所有建物の構成及び管理規則の明確化と簡素化
◎公共の用に供する共用部分の財産と設備に関する規約の明確化及び簡素化
◎管理費を減額するための工事の実施

◎社会関係の修復のための建物の占有者への広報と教育
◎福祉対策の実施

右記の内容を五年間で実施するという。そのなかには、滞納住戸の買い取りと売却や、そのまま公的な住宅セクターへの移行、あるいは取り壊しなども含まれる。詳しくは書かれていないが、まさに行政の介入による強制買い上げや収用がおこなわれるのである。

それでもうまくいかないと、裁判所によって「所有者欠如の宣言」がおこなわれ、その建物自体を公共のために収用するのだという。その所有権が行政に移行するわけである。

こういった流れは、日本の現在の区分所有制度からすると、かなり強権的である。しかし、フランス人たちは、さしたる抵抗もなくこの制度を受け容れているのだろう。

日本もフランスの真似をせよとは言わない。

しかし、民主主義の先進国では集合住宅の所有権について、このような制度を適用しているのである。それに比べて、日本のマンションにおける区分所有権というのは、過剰に保護されているとは言えないだろうか。せめて、管理費や修繕積立金を長期にわたって滞納している住戸に対しては、もう少し厳しい制度を設けてもよいと思う。次章ではそのことについて、さまざまに提案してみたい。

第八章　マンション廃墟化を食い止めるために

自主管理は廃墟化への早道?

分譲マンションの管理組合というものは、そのマンションが竣工して区分所有者が一住戸でも決まれば自然に組成される。これはもう、区分所有法で決まっているので例外はない。どんなマンションにも、管理組合は法的に存在している。

築四〇年以上のマンションを取材していると、区分所有者である人が、よく「うちのマンションには組合なんてありませんよ」とおっしゃる。そんなことは法的にありえない。どんなマンションにも、区分所有者がいるかぎり管理組合はあるのだ。

しかし、時にはまったく機能していない組合が存在するのも事実だ。四〇年以上前に地元の不動産屋さんが開発分譲したマンションは、その業者が管理もおこなっていたが数年後に倒産。その後は管理会社には業務委託せずに、自主管理のようになっていた。四階建てなので、エレベーターがない。ある区分所有者が、一戸一戸から月額五〇〇〇円程度を徴収して、共用部分の電気料金を払い、受水槽の点検などもおこなっていた。しかし、その方もご高齢で、最近ではその五〇〇〇円も徴収されずに、気がついたら廊下の照明もつかなくなっていた……。あのマンション、今はどうなっているのだろう。

そのマンションで何人かの区分所有者に取材したが、全員高齢者。人が住んでいなそうな住戸もいくつかあった。推定の資産価値は、一戸当たり八〇〇万円。今のうちに手を打てば、廃墟化はうんと先に延ばせるが、このまま放置すればあと一〇年もつかどうか。

自主管理というスタイルは、コストを抑えるにはよいが、特定の人に頼りすぎるという弱点がある。みなの世話を焼いてくれる人が亡くなったり、転居でいなくなったりすれば、たちまち管理業務が機能しなくなる。だから、費用がかかっても管理会社に委託するのがよいと私は考える。

まずは管理組合を法人化せよ

管理組合は通常、任意団体だ。大学生のサークルやご近所の町内会と変わらない。

しかし、管理組合は法人化できる。「管理組合法人」として、法務局に法人登記ができるのだ。このことは、あまり知られていない。ただ、熱心な管理組合はだいたいが法人化している。

では、法人になるメリットはなんなのか。

いろいろあるが、ここでは細かいところは省く。管理組合が法人になる最大のメリットは、「区分所有者になれる」ということだと私は考えている。

逆に、法人でない管理組合は区分所有者にはなれない。

湯沢のリゾートマンションを紹介した項で、管理組合が管理費等を支払わない住戸を競売にかけて自己競落をするくだりがあった。競売を申し立てることは法人でなくても可能だが、自己競落することは法人化していないと不可能だ。つまり、湯沢エリアのリゾートマンションでは、多くの管理組合が法人化している。管理費滞納住戸を減らして、自分たちのマンションの廃墟化を防ぐためである。

今後、廃墟化の波はすべての分譲マンションに押し寄せてくる。

前にも述べたように、廃墟化するにはふたつのステップを経る。「資産価値喪失」と「管理不能」だ。このうち、資産価値の喪失は、管理組合の努力ではいかんともし難いものがある。老朽化は止められないし、日本の人口や住宅需要の減少についても同じだ。

しかし、湯沢のリゾートマンション管理組合のように、「管理不能」になる前に、それを人為的に押しとどめ、廃墟化を数十年ほど先延ばしにすることは可能だ。

そのためにはまず、管理組合は法人化しなければならない。


法人化の手続きは、さほど難しいことではない。いくつか書類を作って提出すればいいだけである。その他、銀行口座の名義を変更するなど、多少の煩雑さは伴う。

それよりも「当組合は……の理由で管理組合法人となります」という議案を総会で決議しなければならない。これは先にも説明したとおり、特別決議になる。区分所有者の四分の三以上の賛成が必要だ。

法人となることについては、それぞれの区分所有者にとって不利益になることはほとんどない。だから、反対票が多く出るとは想定しにくい。問題は賛成票を投じてくれる人が四分の三を超えるか否か。というか、全区分所有者の四分の三以上が議決権を行使してくれるかどうか、というところがいちばんの問題。

第七章で「四分の三決議ができているかどうかが管理組合の活動ぶりを見極める目安」と書いたとおりなのだ。

強制的にでも法人化したほうがいい理由

私は、新しく誕生する管理組合も含めて、既存のすべての管理組合は、強制的に法人化すべきだと考えている。もちろん、既存の管理組合法人には、その必要性はないが。

そのためには、区分所有法を改正し法人化を義務づけるべきだ。

その理由は言うまでもない。迫りくる廃墟化の第二ステップである「管理不能」を防ぐためである。

何よりも、法人であれば、自分たちのマンションの区分所有権を持つことができる。あとで述べるが、区分所有権を持つことによって、管理不能を防ぐ方法は湯沢町のリゾートマンションのようなやり方以外にも、いろいろ考えられるのだ。

仮に、区分所有法が改正されて管理組合の法人化が義務づけられれば、新たに誕生する管理組合は、組成時点で法人となっているはずだ。その手続きの履行はデベロッパーの義務とすればよい。

既存の管理組合は「三年以内」程度の規定を設けて、法人登記を促す。仮に、この間に法人登記を怠る管理組合があったとしても、その組合はさらに三年後には管理組合法人であると見做せるような仕組みにすればいい。

五年以上管理費滞納は組合が所有権を自動取得

マンションを小さな自治体だと仮定すれば、管理費や修繕積立金は税金である。

私たち一般市民は主に国に対しては所得税、自治体に対しては地方税や固定資産税を支払っている。仮に、これを滞納したらたちまち督促状が舞い込み、延滞金が加算される。支払期日が遅れようものなら不納付加算税なる罰金まで容赦なく取られる。税金ばかりは、たとえ自己破産しても免除されない。居場所がわかるかぎり、どこまでも追いかけてくる。

これに対して、マンションの管理費や修繕積立金を滞納しても、督促状がポストに入っていたり、時々電話で督促されたりするだけである。

「お金がないので払えません」

そう言えば、取りあえずは引き下がってくれる。督促の電話をかけてくるのはたいていが管理会社だ。彼らだって、好きでそんな仕事をしているわけではない。それも受託した業務の範囲内に入っているからやっているだけ。「電話しました」と、管理組合に報告できればOK。いわばアリバイ作りに電話をかけてよこすだけ。サラ金の追い込みとは天と地ほどもちがう。

だから、管理費や修繕積立金を滞納しても、堂々とそのマンションに住んでいられる。

そして管理費等は民法上の普通債権。督促をおこなっても、五年で時効となってしまう。

管理組合のなかには、滞納者の部屋番号と名前を掲示板に貼り出すところもあるという。これはなかなか効果のあるやり方だとは思うが、なんとも下品でいただけない。滞納者とはいえども、必要以上にその名誉を傷つけることはないと思う。名前を晒されても、払えない場合は払えないのだから。

しかし、管理組合としては最終的にはきっちりと払ってもらわなければならない。

ただし、現在のところ有効な手段は競売しかない。他の項目でも書いたが、これにはそれなりの費用がかかる。

私としては次のような制度を作ればよいと考える。


――滞納が五年分に達した場合は、所有権が管理組合に移転する。


滞納が五年分に達した場合、管理組合は自らの債権を証明するだけのごく簡単な裁判で、その住戸を競落したのと同じ状態にできる、という制度だ。

仮にこの制度ができた場合、滞納者はなるべく支払おうと考えるはずだ。この制度があること自体で、世の中の管理費等の滞納の多くを防げるのではないかと思う。

また、管理組合にとっても、回収手段が確立されていることで、その運営負担が軽減される。

ただし、ひとつ問題がある。それは、その住戸に抵当権が設定されていた場合だ。管理費や修繕積立金が払えないのだから、当然住宅ローンの返済も滞っているはずだ。しかし、その場合は現行の管理債権の先取り特権を活用することでカバーできるのではないかと考える。

監事の監査機能を強化せよ

現行の制度では、ほとんどの管理組合でほぼ機能していないのが監事の制度だ。区分所有法においては、管理組合法人には監事を置くことを規定している。しかし、法人ではない管理組合には監事を置く定めがない。

一方、国土交通省の標準管理規約には、監事を置くという条項がある。標準管理規約はあくまでもひな型であって、そのとおりでなくてもよい。ただ、ほとんどのマンションはこの標準管理規約をベースにした管理規約を定めている。だから、法人でない管理組合にも、監事という肩書を持った役員がいる。しかし、まったくと言っていいほど機能していない。

監事とは、企業で言えば監査役である。あるいは監査法人である。

しかし、ほとんどの管理組合では監事の役割を理解していない。だから、理事会のなかから適当に監事役を選んでいる。やっていることは理事と同じ。唯一の役目と言えば、重要な書類に「私も読みました」という意味で名前を書いてハンコを押す。それだけだ。

なかには、理事のように自ら理事会用の資料作りに励む監事がいたりする。「コントですか?」と言いたくなる光景だ。

私がもっとも高く評価しているある管理組合では、監事二名を外部から招へいしている。ひとりは会計の、もうひとりは法務の専門家だ。理事会には毎回参加して、それぞれの専門領域にかかわることで言うべきことを言う。

そして、理事同士の食事会や飲み会には一切参加しない。まあ、あたりまえと言えばあたりまえだ。理事と監事はお互いの職務柄、馴れ合うべきではない。

監事は、管理組合の運営を、会計と法務の両面から監査するのが本来の役割である。監事がしっかりとその役割を果たしているかぎり、悪徳理事長が組合を私物化することはできない。もちろん、横領など不可能だ。

管理組合の運営を透明化し、内部での犯罪まがいの行為を防ぐにはまず、区分所有法で監事制度をもっとしっかりと定めるべきである。たとえば、「年間の収入額もしくは積立金残高が一億円を超える場合は、監事のひとりを税理士もしくは公認会計士とする」くらいの規定があってもいいと考える。

加えて、監事を組合員以外から選ぶのは必須条件である。

ゼロか一〇〇かの相続制度の改善を

これからのマンション廃墟化は、相続の発生が主な原因になる可能性が高いと考えられる。

たとえば、都心から離れた郊外の老朽化が進むマンションで、ひとり暮らしの高齢者が亡くなったとする。そのマンションの区分所有者は、亡くなった高齢者本人。相続人は、離れて住んでいる子どもがひとり。この場合、その子どもがすべてを相続することになる。

ところが、そのマンションは資産価値が通常で六〇〇万円程度しかなく、それでも売却できるかどうかは不明。さらには事故物件扱いになるから五〇〇万円で売り出しても、成約するまでに一年以上はかかりそうである。しかし、管理費と修繕積立金、固定資産税の負担額は年間四〇万円近い。

幸いなことに、亡くなった高齢者は一〇〇〇万円の金融資産を残していた。

この場合、相続人である子どもがその一〇〇〇万円の金融資産を得るためには、事故物件として資産価値が不安定で高額の維持費がかかるマンションも相続しなければならない。逆に相続を放棄するなら、マンションと共に一〇〇〇万円も放棄することになる。

こういった場合は普通、相続を放棄しないだろう。ただ、相続した子どもは交通の便が悪いそのマンションに移住するとは考えられない。家族がいればなおさらだ。

その子どもが真面目な人間だったら、登記も自分に移して、管理費等もきちんと払ってくれるはずだ。でもそうではなかったら……。

そもそも欲しいとは思わなかったマンションだ。登記は死んだ高齢者のままで放置するかもしれない。管理費等も最初の数カ月は払うかもしれないが、そのうち滞納しだすだろう。そうなれば管理組合にとっては困りものだ。

こういった場合、今の法制度では以下のような流れになる。

まず、管理費等を滞納されている管理組合は債権者である。それを払う義務を負うのは相続した子ども。債権者は債務者に、「払ってください」と督促をかける。もしも債務者の住所がわからなければ、弁護士に依頼して弁護士法二三条に基づく照会を関係する役所などにしてもらって調べる、という手間と費用がかかる。

相続人である債務者が、督促に応じなければ法的措置をとる。債務者がサラリーマンで勤務先の企業などがわかれば問題はない。給料の仮差し押さえをすれば、ほぼ払ってくれる。しかし、勤務先もわからず、ろくに収入があるとも思えない場合はどうなるのか。

亡くなった高齢者が所有し、住んでいた住戸を競売にかけるしかなくなる。ここまでに至る弁護士費用と、競売を申し立てた場合の費用は合計で百数十万円に達するはずだ。それでも、事故物件がうまく競落されるかどうかはわからない。

区分所有権の分離放棄を認めるべき

右記のようなケースは、これから頻発すると思う。なんと言っても、日本はすでに高齢化社会だ。高齢者が何十年か前に購入したマンションで、単身生活をしているケースなどちっともめずらしくない。むしろ、大都市の郊外ではあたりまえに見られるはずだ。

彼らは、いずれ生涯を閉じる。そのときには必ず、そのマンションの相続問題が発生する。

子どもたちはすでに中年以上に達していて、自分の家族や仕事の基盤を別の地域で確立している場合がほとんどだろう。親が住んでいた郊外の老朽マンションに、喜んで引っ越して来るケースなど稀だ。そうすると、右記のような問題が起こる。

私は、この問題は、「区分所有権に限っては相続における分離放棄を認める」というように相続のルールを変えれば避けられるのではないかと考えている。

もちろん、そのためには、民法のなかの相続に関する法規をいくつか改正しなければばならないはずだ。しかし、それはさほど困難とは思えない。国土交通省が原案をまとめて、政府と与党を説得すればよい。相続税ともかかわるので、財務省にも根回しをする必要はあるだろうが、区分所有権の分離放棄を認めることで、税収が大幅に減るとも考えにくいので、抵抗はあってもさほど強くはないと考える。

仮に、区分所有権に限っての分離放棄が認められると、右記のようなケースでは給料の仮差し押さえとか競売といった、弁護士を入れて事を荒立てるような事態には陥らないと考える。

分離放棄された区分所有権は管理組合が取得

では、相続人が分離放棄で、区分所有権を承継しなかったマンションはどうなるのか。本来は国のものとなるはずだ。しかし、相続権のある人間が放棄するほどの物件を、国が喜んでもらい受けるとも思えない。

そこで、分離放棄については、次のような前提条件をつける。

「そのマンションの管理組合法人が区分所有権の譲受に同意するかぎりにおいて」

つまり、管理組合を、分離放棄される住戸の所有権の譲渡先にしてしまうのだ。さらには、それには管理組合法人の同意も必要とする。当然、管理費等の滞納があれば同意しないだろう。だから、滞納分については相続人側に支払ってもらうようにする。また、登記移転などの費用も相続人側の負担とすればよい。

この場合、管理組合は当然ながら法人化していないと、区分所有権の譲渡先にはなりえない。任意組合のままでは、区分所有権者にはなれないからである。

だから、すべての管理組合を強制的に法人化するのである。

民法においては、右記のように区分所有権の分離放棄と、管理組合法人の取得のところまでを改正すればよい。

無償で取得した住戸を活用

では、相続人が分離放棄した住戸の区分所有権を、無償で取得した管理組合は、その住戸をどうするのか？

それは法律の範囲内で自由とすればいい。

たとえば、湯沢町エリアならスキーシーズンのみ賃貸でも、年間の管理費以上の収益が得られるのではないか。あるいは、管理規約で民泊を禁止していないマンションなら、年間一八〇日以内の民泊活用も考えられる。

リゾート地ではなく郊外エリアなら、デイサービスのためのスペースにも活用できるはずだ。

もちろん、売却できるのなら売却してもよいだろう。ただし、きちんと管理費等を払ってくれる購入者を選別する必要がある。数百万円のマンションの買い手は、かなりバラエティに富んでいると思われるので、それなりの注意が必要だ。

最近ではほぼ供給されなくなったエレベーターのないマンションの場合は、現区分所有者と住戸の交換をおこなってもよいだろう。たとえば、管理組合が取得した住戸が一階の場合は、四階に住む足腰の弱った高齢者と住戸を交換してもいいはずだ。一階住戸に住めることになった高齢者は、階段の昇り降りが辛いことを理由に退去しなくてもよくなる。

そうやって交換を進めていくうちに、四階や五階には人が住んでいる住戸がなくなり、すべて空き家になるかもしれない。そうすれば、四階と五階は閉鎖して共用部分としての維持と管理を省力化できる。それは管理費からの支出の削減にもつながるはずだ。

複数の棟で構成される団地の場合、管理組合が取得した住戸と順次交換していくことで、居住者や区分所有者を特定の住棟に集めることも可能になるだろう。それで、まったく人が住まなくなった住棟は、それこそ広々としたデイサービス施設として活用できるかもしれない。あるいは建物を取り壊して公園を作ることもできる。

旧東ドイツ、グリューナウ団地の試み

米ソ冷戦時代、と言えばもはや昔話だ。しかし、私の世代には鮮明な記憶が残っている。

一九八九年、ベルリンの壁が打ち壊された。そして翌年には、東西ドイツが統一された。今の若い世代は、その昔ドイツが東西に分断されていたことすら歴史を学ばなければわからなくなっている。

統一以前の東ドイツは、社会主義国だった。ソビエト連邦の衛星国でもあった。そのなかではかなりの優等生。今のロシア大統領であるプーチン氏は、冷戦時にはスパイマスターとして東ドイツに駐在していたという。

一九七六年は、ベルリンの壁が揺るぎなく存在していた時代。そのころは東ドイツに位置していたライプツィヒの街のはずれにあるグリューナウと呼ばれる場所で、何棟もの集合住宅の建設が始まった。日本風に言えば団地だ。

この団地の住棟はすべて「プレキャスト」だったという。壁も床も設備機器も、すべて工場で製造された規格品。それを現場で組み立てて、同じ間取りの住宅を大量に作り出す。いかにも社会主義国らしいやり方だった。

都市計画によって地区内には、人が住む住棟の他に幼稚園、学校、公民館、スポーツ施設、診療所、ショッピングセンター等も作られた。車道は行き止まりを多く作り、車が通り抜けできないようにしたという。小さな子どもたちが遊んでいても危険がないようにとの配慮だ。

なんでも人工的に作り出したほうが優れている、という社会主義的な傲慢さも感じるが、計画全体としてはそれなりに評価できる。

最盛期の住戸数は三万五〇〇〇戸、人口八万五〇〇〇人。なぜ、このエリアにこのような人工都市を作ったのかというと、近くに工業地帯があったので労働者の住居が必要だったから。

しかし、一九九〇年の東西統一で状況は大きく変わる。旧東ドイツにおける工業技術の水準が低すぎて、市場へ製品が供給できなくなったのだ。人口はどんどん流出。住棟には空室が目立ち始めた。

二〇一一年には、人口が最盛期の半分に。そこで、地区の住人たちが話し合った。空室が多い住棟の住人は別の住棟に移住し、誰も住まなくなった住棟は取り壊した。跡地は公園などに活用。これらは市の補助金を得ておこなわれたという。

この「減築」と呼ばれる活動は世界中の建築、住宅関係専門家の注目を浴びた。ところが、最近ではこの地区の人口が再び増え始めたとか。取り壊した古い住棟の跡地に、新しい住棟が建設されているという。

右記のような方法で管理組合が、相続が分離放棄された住戸の保有を増やしていくと、当然ながらその住戸の持つ議決権をどう行使するかが問題となる。

単純に管理者（理事長）が、保有住戸分の議決権を行使してもいいだろう。あるいは、管理組合保有分は棚上げにして、残った住戸の議決権の総和を一〇〇％として「四分の三」や「五分の四」をカウントするのでもよいと思う。それこそ、各組合の管理規約で定めればよい。

仮に、保有住戸の議決権を管理者（理事長）が行使できることにすれば、四分の三や五分の四といったハードルの高い重要議案が可決されやすくなる。築八〇年や九〇年を迎えて、「いよいよ取り壊すべきかな」という時期になったときに、建物取り壊しに要する「全区分所有者の五分の四の賛成」が必要な決議も、あるいはすんなり可決されるかもしれない。

区分所有法の五五条と五六条は、「管理組合法人の解散」について定められた条文だ。しかし、この条文を適用して管理組合法人を解散したケースはあるのだろうか。私はいまだに知らない。だが、二〇年後か三〇年後には起こり得るのではなかろうか。それこそ、日本のマンション史に残る出来事になるはずだ。

［コラム］❹

タワーマンションは廃墟化しやすいのか？

地上二〇階以上の集合住宅をタワーマンションという。最近では四〇階以上のマンションが多くなった。二〇階建てだと低くさえ思える。

タワーマンションのメリットは、高層階からの眺望がいいこと。私が考えるには、それくらいしかない。

デメリットをあげればキリがない。まず、管理費と修繕積立金が通常の板状型マンションに比べて高くなる。電気が止まると水道も使えなくなる。もちろんエレベーターも使えないので、地震などには生活機能面で恐ろしく脆弱《ぜいじゃく》である。住戸内の住人が倒れた場合、階数が高いほど救急隊が駆けつけるのも、救急車まで搬送するのも時間がかかるので、心肺停止の場合はまず蘇生《そせい》できない。地震や台風のときによく揺れる。高層階では洗濯物を外に干せない。構造にもよるが、夏場は日照でかなり暑くなる。隣戸とのあいだは遮音性の低い乾式壁で仕切られているので、クシャミの音まで聞こえてしまう。小さな子どもは外で遊ばなくなるので、自然と触れ合う機会が少なくなる。それが、タワーの子どもは偏差値が低い原因だと主張している教育の専門家もいる。また、高層階に住む妊婦ほど、流産の危険性が高いという実証データもある等々、デメリットをあげればキリがなくなる。

それでも、日本人はタワーマンションが大好きだ。作ればたいてい売れる。儲《もう》かるからマンションデベロッパーは喜んでタワーマンションを作る。それが現状。

「タワーマンションは廃墟化しやすいのか?」

じつは、そうとはかぎらない。前述のように、マンションが廃墟化するにはふたつのステップを踏むことになる。第一は「資産価値の喪失」。

タワーマンションは、概ね都心の便利な場所に立地する。なかには地方都市郊外の田んぼの真ん中に建っているタワーマンションもあるようだが、そういう例外を除いたほとんどのタワーマンションは都心立地だ。マンションの価値は九割が立地で決まる。だから、ほんの一部の例外を除いて、タワーマンションの住戸が五〇〇万円を下回るようなことは起こり得ないと思う。

その点、タワーマンションが廃墟化する可能性は低い。


しかし、心配なこともある。

先に、鉄筋コンクリート造の建物が何年もつのか、日本人は壮大な実験をしていると書いた。これはタワーマンションも同じ。むしろタワーマンションのほうが、通常の板状型マンションに比べて実験を始めてからの年数が少ない。

タワーマンションが本格的に建ち始めて、まだ三〇年ちょっとしか経っていない。規制が緩和されてニョキニョキと量産されたのは二〇〇〇年ごろから。

今後、ここ二〇年弱で量産されたタワーマンションが、次々に大規模修繕工事の適齢期を迎える。

気になることがある。まず、タワーマンションと板状型では建築工法が多少異なっている点である。

一九階以下の板状型マンションは、柱や床、壁などの躯体は鉄筋コンクリートである。しかし、タワーマンションの場合は荷重を軽くするため、柱と床、梁《はり》は鉄筋コンクリートだが、外壁はＡＬＣパネル（"Autoclaved Lightweight aerated Concrete" 高温高圧蒸気養生された軽量気泡コンクリート）だ。

そして、このＡＬＣパネルと躯体部分、あるいはサッシュなどとのあいだにはシーリング剤が使われている。接着兼緩衝材的な役割を果たしている。このシーリング剤の耐用年数が、およそ一五年と言われている。つまり一五年に一度くらいは、劣化したシーリング剤を修繕しなければ、外部からの浸水を防げないのだ。

タワーマンションの上層階は、雨風が横殴りに吹きつける。だから、シーリング剤の劣化も着実に進むはずだ。

築十数年のタワーマンションを何物件か取材したことがあるが、サッシュとＡＬＣ

パネルの接合部分からの雨漏りは現実的に起こっている。

通常の板状型マンションは、施工精度が高ければ外壁の補修工事が築三〇年以上不要、ということはありえるが、タワーマンションは一五年ごとに延々と外壁の補修工事を継続しなければならないのだ。これは考えてみれば区分所有者にとって大きな負担だ。

そして、タワーマンションの大規模修繕工事については、そのノウハウがまだ確立したとは言い難い。一棟一棟、手探りでおこなっているようなところがある。

まず、一五階以上は足場を組めない。だから、屋上のクレーンから作業ゴンドラを吊《つ》るすか、壁にレールを取りつけて足場を上下に移動させるなどの工法がおこなわれている。

いずれにしても、風に弱い。風速一〇m以上で作業は中止。

さらに一階分の作業をおこなうのに約一カ月を要する。

タワーマンションは、前述のとおり躯体にALCパネルを嵌めこみながら作っていく。通常のマンションよりも、建築スピードは速い。一カ月で二層作ることができる。

つまり、大規模修繕工事は、建築スピードの二倍の時間がかかる、ということだ。なんとも歪《いびつ》な現実ではないか。

四〇階建て以上のタワーマンションの場合、大規模修繕工事の費用は戸当たり二〇〇万円を超える。他の修繕工事や災害時の損傷などにも備えなければならないので、月々の負担額は約二万円。これに管理費が加わるので、タワーマンションの管理費と修繕積立金、その他の維持費用を合わせると、月額五万円を超える場合もめずらしくないだろう。

また、大規模修繕工事は一五年に一度だが、建物が老朽化すると補修すべき部分も多くなる。回を重ねるごとに大規模修繕工事の費用は膨らむはずだ。

三回目の大規模修繕工事を控えた築四五年ごろには、一戸当たりの管理費等の負担は月々一〇万円近くになっている可能性もある。

タワーマンション好きは、見栄っ張りが多い。さらには派手好きだ。これはマンション業界の定説だ。

現状、築三〇年を超えるタワーマンションはほとんどない。しかし、あと一五年後には、続々と築三〇年モノが登場してくる。そうしたときに、見栄っ張りで派手好きなタワマン愛好者は、そういう老朽タワーに高いお金を出すだろうか。

あるいは築六〇年になったタワーマンションはどうなるのか……。

はたまた大きな地震が東京を襲い、電力の供給が一週間も止まると、タワーマンションの高層階はかなり悲惨なことになる。そんなことになれば、いっせいに「タワマン離れ」が起こるかもしれない。

じつのところタワーマンションは、建造物としても将来の資産性を考えても、かなり脆弱な一面を持っている。もしかしたら、築六〇年ごろには、板状型マンションよりも廃墟化しやすい住形態なのかもしれない。

第九章　廃墟化が見えたマンションから逃げ出す方法

都心に迫りくる「資産価値喪失」の包囲網

私は二〇一七年の六月に、『2025年東京不動産大暴落』（イースト新書）を著した。そのなかで東京は、都心とその周辺エリアで不動産価格がバブル的に高騰していることを説明した。

その局地バブルはこの原稿を書いている二〇一八年の一二月時点でも続いている。一部地域では、むしろ拡大していると言っていい。

しかし、もともとバブルには縁の薄い遠隔郊外や地方では、不動産のバブル的な価格高騰はほとんど見られない。若干の値上がり傾向が見られる地域もあるが、それは例外。

逆に、この一年半のあいだに顕著になったのは「住宅の無料譲渡」を巡るさまざまな動きだ。

ネット上には、無料もしくは数万円程度で取得できる物件を紹介するサイトが、いくつも出てきた。時に、テレビの情報番組などで「無料で差し上げます」という住宅を紹介したりしている。

不動産というものは、基本的に利用してこそ意味があり、価値が生まれる。住宅ならば、人が住んでこそ価値がある。誰も住まない、住みたがらない住宅は、基本的に無価値なのだ。

そういった無価値化の波が、東京の都心に向かってひたひたと迫っている。

すでにマンションデベロッパーは首都圏の遠隔郊外では開発事業をおこなわなくなった。理由は単純。売れないからだ。

一九七〇年代から九〇年代初めごろまでに開発された郊外のミニニュータウンは、どこも居住者の高齢化と建物の老朽化に悩まされている。そこで生まれ育った層は、成人して世帯分離しても、ふるさとの街には帰ってこない。都心の便利な場所にマンションを購入して、そこで日常の暮らしを送っている。

そういったエリアのマンションは、次第に資産価値を失っていく。

遠隔郊外の老朽マンションでは、すでに資産価値が危険水準である五〇〇万円を割っているケースも少なくない。

厄介なことに、そういう「五〇〇万円未満マンション」は、今後急速に増えていく。減ることはない。それらのマンションはすべて廃墟化予備軍なのだ。

上手な逃げ出し方はない？

自分のマンションが廃墟化している場合にはどうしたらよいのか。選択肢はいくつかある。

◎売って出ていく
◎残って廃墟化と戦う
◎そのまま何もしない

もっともスマートなのは、売って出ていくことだろう。しかし、それにはいくつかの幸運がなければいけない。

まず、他に住む家がある、ということ。あるいは、住むところを確保するだけの資力がある、ということでもある。

困ったことに、廃墟化の危険に晒されているマンションに住んでいるのは、たいていが高齢者である。さらに言えば、そのマンションを購入した時点で、そういう場所で購入する資力しかなかった、と想定できる。そういう方が、高齢化したあとで購入時点よりもたくましい資力を蓄えているケースは皆無ではないにしろ、稀有《けう》だろう。

次に、そのマンションを購入してくれる人が現れなければならない。

資産価値が下落して、その評価額が五〇〇万円を割ろうとしているマンションは、きちんと理由があってそうなっている。つまり、「五〇〇万でも買いたい人がいるかどうかわからない」物件なのである。そういうマンションの売却がスムーズにおこなえるとは思えない。

ともあれ、売れるのであれば早めに売るべきだろう。所有しているかぎり、管理費や固定資産税の支払い義務は継続する。

現在、七〇〇万円や一〇〇〇万円で売れる可能性があり、他に廃墟化しない住処がある場合は、早めに売却することである。資産価値が三〇〇万円や二〇〇万円になると、さらに売りにくくなる。

次に、これはしんどいことであるが、残って廃墟化と戦う、という選択もできる。そのマンションの区分所有者として、理事会に参加して資産価値の保全に努めるのだ。本書で紹介した湯沢エリアのリゾートマンション管理組合がおこなっているようなことを、自らが率先しておこなうのである。それこそ、理事長になって活動することになるのではなかろうか。

しかし、かなりの困難を伴ういばらの道である。

お勧めはしないが、何もしない、という選択肢もあるはずだ。その場合はもう、運命に身を委ねるしかない。あるいは、他力本願となる。

どのようなマンションも、必ず終わりの時が来る。

現行法の下では、みながハッピーになれる出口はないのだ。

高齢者は賃貸住宅を借りにくい、はウソ

廃墟化の迫ったマンションから逃げ出しても、引っ越す先がないという人は多いだろう。その場合は、賃貸住宅に移るのもひとつの選択肢だ。

ただ、年金生活に入っているような高齢者は、なかなか賃貸住宅が借りられないと考えられている。

実際、そういう一面もある。特に高齢単身者は大家さんに敬遠されがちだ。孤独死でもされると、その住まいは事故物件になってしまうからだ。

しかし、それは一面の真実ではあってもすべてではない。

ネットなどを見ていると「六五歳の単身者が賃貸住宅を十数件断られた」というようなケースが紹介されている。

しかし、それは大家さん側に「六五歳の単身者に貸さなくても、もっと若くて健康な借り手が現れるはずだ」という思惑がある場合だ。つまりは、賃貸募集をしやすいエリアに貸家を持っている場合。

逆に言えば、その六五歳の単身者は、人気のあるエリアで賃貸住宅を探している、

ということになる。

日本では基本的に住宅が余っている。わざわざ人気の高いエリアで借り手を募集している賃貸に申し込まなくても、「借りてくれるのなら誰でもいい」という物件を選べばいいのだ。あまり人気のないエリアでは、そういう物件がたくさん見つかる。

賃貸住宅への申し込みを断られる高齢者は、それまでに住んでいた場所にこだわりすぎているケースが多いのではないか。そこがたまたま人気のあるエリアだったら、それは申し込みを断られるだろう。

究極の選択は、公営住宅である。

URや住宅供給公社が賃貸募集している物件なら、高齢の単身者だからといって賃貸の申し込みを断れない。保証人も不要である。ただし、一定の収入があることが条件になる。

また、不人気エリアではつねに入居者を募集している。場所にこだわらなければ、住むところはつねに借りられるのだ。

格安戸建てに住み替える、という選択肢

廃墟化が迫るマンションがあるエリアは、不動産価格があまり高くないはずだ。そういうエリアの築古中古戸建ては、マンションと同レベルの価格で買えるケースも多い。

仮に、自分の住んでいるマンションが売却できるのなら、そういう築古の戸建てを購入して引っ越してしまう方法も考えられる。

そうすれば、少なくとも廃墟化に伴うゴタゴタには巻き込まれずに済む。さらに、管理費や修繕積立金を払い続ける義務もなくなる。

ただし、デメリットも多い。

戸建ては、マンションとちがって決まった曜日に収集所までゴミを持っていかなければならない。また、バリアフリーになっていない物件がほとんどだ。足腰が弱い人や将来的に不安のある人には勧められない。

また、戸建ての室内は外気の寒暖の影響を受けやすい。高齢者は気をつけないと風邪を引きやすくなるはずだ。

仮にそこが終の住処となった場合、相続のことも考えておかねばならない。残された人が困らないように、金融資産などはあらかじめ整理しておいたほうがいいかもしれない。そうすれば、残された側は相続を放棄することで、空き家になったあとの心配をしなくて済む。

年金生活に入る前に手を打つ

もっとも理想的なのは、まだ一〇〇〇万円以上で売れるときに売っておくことだろう。資産価値が一〇〇〇万円を切ると、購入を検討する側も、「本当にそんな物件を買っていいのか」という疑問を抱く。だから売却が困難になる。

また、自身が高齢化する前に動くべきだ。人間というものは、年齢を重ねると何事にも億劫になる。また、弱気になる。それで、自分のマンションの問題も先送りにしがちになる。すると事態はますます悪化してくる。

廃墟化の場合、時間が経てば経つほど、事態は深刻化するのだ。

少なくとも、自身が年金生活に入る前に動くべきだろう。そのほうが、自宅マンションの廃墟化から逃れやすくなるはずだ。

中古マンションの上手な売り方Q&A

最後に、中古マンションの上手な売り方について、私がインタビューに答えたある媒体におけるQ&A形式の記事がわかりやすいので、ここで引用してみたい。

マンション市場では「今が売り時」と囁かれ始めた。ところが「買い方」についてノウハウを伝授する記事を数多く見かけるが、「売り方」についての指南は意外に少ない。実は、「マンションは買うよりも売る方が難しい」という。住宅ジャーナリストの榊淳司氏に聞いた。

――マンションは今が本当に売り時なのですか。

「その通り。金利は最低水準で、一部の物件価格はバブル期水準にまで高騰しています。中古マンション市場も売り出し物件がだぶつき始めており、値下がり傾向にあります。今は売却のチャンスといえます」

――買うよりも売る方が難しいというのは事実でしょうか。

「事実です。マンションの売り出し価格はプロが設定するので、新築も中古も市場価格に近いところに設定されます。しかし、売却は〝初めて〟という人が少なくなく、市場価格を分かっていないため安く買い叩かれることが多くなります」

――大切な資産なのにどうして安く売ってしまうのでしょう。

「何カ月も売却先が決まらないと売り主は焦り始めます。そこへ『×××万円なら即金で買い取ります』という業者が現れると、『面倒くさいから売ってしまおう』と考える人がいるのです」

――それほど売れないものなのですか。

「仲介業者がわざと売らないようにする〝囲い込み〟をすると、長期間にわたりマンションは売れません。中には自分の息のかかった再販業者に買わせるために、わざと販売活動を行わないケースも多々あります。不動産仲介の業界というのは、そういうことをわりあい平気でやっています」

——大手業者でもやってることなのですか。

「囲い込みは大手の方がひどいように思えます。自社あるいはその担当者自身が買い手を見つけて、仲介手数料を〝売り〟と〝買い〟の両方から得る『両手』を狙うケースが横行しています。その結果、囲い込まれなかった場合よりも売却の時間がかかり、不当な値引きを半ば強制されているケースも起きています」

——〝囲い込み〟を回避する方法があれば教えてください。

「マンションを売却する場合、不動産業者に『専任』もしくは『専属』での仲介契約を求められます。そのマンションを売却するにあたっては、その業者を介してしか契約できない仕組みです。この場合、他の業者が買い手を見つけてくるのを阻止され、〝囲い込み〟をされる恐れがあります。これに対して『一般媒介』という制度は、同時に複数の業者に売却の仲介を依頼できます」

——制度の賢い活用法はありますか。

「例えば、山手線内とか城南エリア、近畿だと環状線内や阪急沿線のような人気エリアのマンションなら不動産業者に一般で売却を依頼すべきでしょう。需要の強いエリアでは業者が積極的に活動しなくても買い手は現れます。そうでない、郊外や駅から離れた物件なら専任や専属でもよいと思います。ただし、『囲い込みはしないでね』とクギをさしておかなければいけません。あるいは『当社は囲い込みをしません』と公言している業者に依頼することですね」（日刊ゲンダイDIGITAL 二〇一八年一〇月八日「実は買うより難しい…マンションの賢い売り方を専門家指南」より）

一般の方から相談を承っていると、「不動産屋はウソつきだ」とか「不動産屋はすぐに人を騙す」というイメージがいつまでも払拭されていないことを濃厚に感じる。悲しい現実だが、事実である部分が多い。しかし、なかには誠実に顧客のために動いてくれる業者もいる。

中古マンションを売却する場合はそういう業者を探し出すか、もしくは自身で相場観を養って無謀な査定を見抜くことだろう。「この客は騙せない」と思わせると、仲介業者もそれなりに仕事をするはずだ。

さらに、最近では「家いくら?」など不動産テックと呼ばれる情報サイトの進化が著しい。各物件の住戸ごとの評価額を、ネット上で無料提供しているのだ。そういうサイトをうまく活用すると、自分が売りたい住戸の評価について情報武装できる。それは仲介業者に「おいそれとは騙されない」知識を備えることにもつながる。不動産テックの進化は、中古マンション市場の風景を徐々に変えていくかもしれない。

おわりに

すべてのマンションには、必ず終わりがやってくる。これは冷厳な事実である。

厄介なのは、分譲マンションには区分所有者が何十、何百、何千人といることなのだ。そういう区分所有者たちの意志が統一できなければ、ただ老朽化に任せるしかなくなる。行きつく先は廃墟だ。

多くの人は、そのようなことを考えずにマンションを購入し、暮らしている。じつのところ、不動産業界とその周辺には頑なに「マンションは買わない」という人々がいる。その比率は、他の業界に比べて圧倒的に高い。

その理由は、業界人ならではの勘で「マンションはこの先やばいことになりそうだ」ということを見抜いているからだと思う。彼らは賃貸に住むか、戸建てを買っている。

たしかに、区分所有のマンションは、冷静に眺めれば「やばい」ことだらけだ。

本書では一般人が気づいていない、あるいは見て見ぬふりをしているマンションの「やばい」ことを、主に管理の面から取り上げてみた。あえていい面をほとんど記さなかったので、悲観的な側面ばかりが目立ったかもしれない。しかし、世の中には本書のような存在も必要だと考えた。

このままでは、日本中に廃墟化したマンションが出現する。それを防ごうとしても、現行の民法、区分所有法では不可能な面が多い。それを改正して、分譲マンションの建築構造物としての寿命を少しでも延ばすべきであろう。

さらには、分譲マンションの最終的な出口へ向かうことがもっとスムーズになるように、道筋をつけることが重要だ。

本書がそれらのために、いささかでもお役に立てれば幸いである。

榊　淳司

イースト新書
113

すべてのマンションは
廃墟《はいきょ》になる

2019年2月15日　初版第1刷発行

著者
榊《さかき》淳《あつ》司《し》

編集
佐野千恵美

発行人
北畠夏影

発行所
株式会社
イースト・プレス
〒101-0051
東京都千代田区神田神保町2-4-7久月神田ビル
Tel:03-5213-4700　Fax:03-5213-4701
http://www.eastpress.co.jp

装丁
木庭貴信+川名亜実
（オクターヴ）

本文DTP
臼田彩穂

印刷所
中央精版印刷株式会社

定価はカバーに表示してあります。
乱丁・落丁本がありましたらお取替えいたします。

PRINTED IN JAPAN
ISBN978-4-7816-5113-2

イースト新書

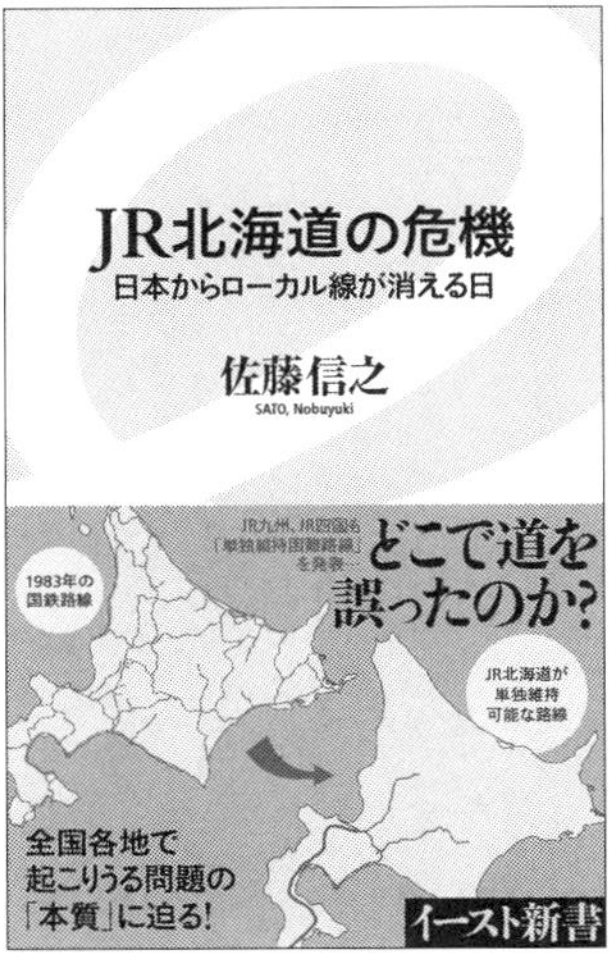

JR北海道の危機

佐藤信之

発足時には北海道全土を網羅していたJR北海道の路線だが、二〇一六年末に大部分の路線が自力での維持が困難であることが発表され、札幌都市圏以外の全路線が消滅危機に瀕している。それ以前から、新型車両開発の中止と廃車分の運行本数の減便、メンテナンスの不備による脱線事故の多発など、利用者無視の経営方針が批判を集めている。そして、それは本州の過疎地帯や四国などでも起こりうる。JR四国も単独維持困難路線を発表した。JR北海道問題を起点に、日本の交通の未来、地方政策の問題について論じる。

イースト新書

2025年東京不動産大暴落

榊淳司

東京五輪を目前に、東京の不動産市場は局地的にバブル化している。しかし、五輪終了５年後の２０２５年、団塊世代がすべて後期高齢者になり、東京都の人口は減少し始める。にもかかわらず、東京では毎年多くの新築住宅が供給されている。超高齢化の進んだ地方はすでに、タダでももらい手がない不動産で溢れかえっている。２０２５年、いま地方で起きている不動産暴落の現実が、東京にも襲いかかる。暴落はどこで起こるのか？　暴落を回避するにはどうしたらよいのか？　不動産バブルのしくみから、大暴落までのシナリオを大胆予想する。